U0902974

全注全译**全懂**

# 鬼谷子

〔战国〕鬼谷子　著
〔清〕秦恩复　校刻
李东东　译注

河南文艺出版社
·郑州·

**图书在版编目（CIP）数据**

全注全译全懂鬼谷子 /（战国）鬼谷子著；（清）秦恩复校刻；李东东译注 . — 郑州：河南文艺出版社，2021.6

ISBN 978-7-5559-1071-8

Ⅰ . ①全… Ⅱ . ①鬼… ②秦… ③李… Ⅲ . ①纵横家②《鬼谷子》– 注释 ③《鬼谷子》– 译文 Ⅳ . ① B228

中国版本图书馆 CIP 数据核字（2020）第 209834 号

---

著　　者〔战国〕鬼谷子
校　　刻〔清〕秦恩复
译　　注 李东东
责任编辑 肖　泓
责任校对 张志生
特邀编辑 谢梓麒　　高　旭
策　　划 读客文化
版　　权 读客文化
封面设计 章婉蓓
出版发行 河南文艺出版社
印　　刷 北京中科印刷有限公司
开　　本 880mm × 1230mm 1/32
印　　张 10.25
字　　数 188 千
版　　次 2021 年 6 月第 1 版　2021 年 6 月第 1 次印刷
定　　价 48.90 元

---

如有印刷、装订质量问题，请致电 010–87681002（免费更换，邮寄到付）

# 鬼谷子卷上

梁　陶　宏　景　注

## 捭闔第一

捭撥動也闔閉藏也凡與人言之道或撥動之令有言示其同也或閉藏之令自言示其異也

粵若稽古聖人之在天地間也若順稽考也聖人在天地間觀人設教必順考古道而爲之爲衆生之先首出庶物以前人用先知覺後知先覺覺後覺故爲衆生先觀陰陽之開闔以名命物陽開以生物陰闔以成物生成既著須立名以命之也知存亡之門戶不忘亡者存有其存者亡能知吉凶之先見者其唯知幾者乎故曰知存亡之門戶也籌策萬類之終始達人心之理見變化之朕焉萬類之終始人心之理變化之朕莫不朗然元悟而無幽不測故能籌策遠見焉朕迹也而守司其門戶



《鬼谷子·卷上》（据清嘉庆十年江都秦氏刻本《鬼谷子》影印）

# 鬼谷子卷中

梁 陶 宏 景 注

## 飛箝第五

飛謂作聲譽以飛揚之箝謂牽持緘束令不得脫也言取人之道先作聲譽以飛揚之彼必露情竭志而無隱然後因其所好牽持緘束令不得轉移也

凡度權量能所以徵遠來近凡度其權畧量其才能爲作聲譽者所以徵遠而來近也謂賢者所在或遠或近以此徵來若燕昭尊郭隗即其事也立勢而制事必先察同異注○案同異下据脫之黨二字別是非之語言遠近既至乃立賞罰之勢制能否之事事勢既立必先察黨與之同異別言語之是非見內外之辭知有無之數外謂虛無內謂情實有無謂道術能否又必見其情僞之辭知其能否之數也決安危之計定親疏之事既察同異別是非見內外知有無然後與之決安危之計定親疏之事則賢不肖可知也然後

# 鬼谷子卷下

梁 陶宏景 注

本經陰符七術陰符者私志於內物應於外若合符契故曰陰符由本以經末故曰本經

盛神法五龍五龍五行之龍也龍則變化無窮神則陰陽不測故盛神之道法五龍也盛神中有五氣神爲之長心爲之舍德爲之大養神之所歸諸道五氣五藏之氣也謂精神魂魄志也神居四者之中故爲之長心能含容故爲之舍德能制御故爲之大然則養神之所宜歸之於道也道者天地之始一其紀也物之所造天之所生包宏無形化氣先天地而成莫見其形莫知其名謂之神靈無名天地之始故曰道者天地之始也道始所生者一故曰一其紀也言天道混成陰陽陶鑄萬物以之造化天地以之生成包容宏厚莫見其形至於化育之氣乃先天地而成不可以狀

鬼谷子篇目考

隋書經籍志縱横家鬼谷子三卷皇甫謐注鬼谷子周世隱於鬼谷鬼谷子三卷樂壹注

舊唐書經籍志鬼谷子二卷蘇秦撰又三卷樂壹注又三卷尹知章注

新唐書藝文志鬼谷子二卷蘇秦樂壹注鬼谷子三卷尹知章注鬼谷子三卷尹知章不著録

柳宗元鬼谷子辯曰元冀好讀古書然甚賢鬼谷子爲其指要幾于言鬼谷子要爲無取漢時劉向班固録書無鬼谷子鬼谷子後出而險盭峭薄恐其妄言亂世難

鬼谷子不見於漢志至隋唐始著録新舊唐書皆以爲蘇秦撰然漢書縱横家别有蘇子三十二篇其文與鬼谷不類使蘇秦託名鬼谷班固何以畧而不注陸龜蒙以鬼谷爲王詡王嘉拾遺記以鬼谷爲歸谷蓋歸鬼聲轉尔疋曰鬼之爲言歸也其謂蘇秦假託者以儀秦師事鬼谷而史記蘇秦傳有簡練揣摩之語鬼谷書適有揣摩二篇遂附會其説實無所據或云周時豪士隱於鬼谷者近是書凡三卷自捭闔至符言十二篇轉丸胠篋二篇舊亡又有本經陰符七術及持樞中經共二十一篇柳子厚嘗譏其險盭峭薄妄言亂世今觀其書抉



《鬼谷子·秦恩复序》

# 附録

說苑善說篇引鬼谷子曰人之不善而能矯之者難矣說之不行言之不從者其辯之不明也既明而不行者持之不固也既固而不行者未中其心之所善也辯之明之持之固之又中其人之所善其言神而珍白而分能入于人之心如此而說不行者天下未嘗聞也

史記太史公自序云故曰聖人不朽時變自守虛者道之常也因者君之綱也索隱曰此出鬼谷子遷引之以成其章故稱故曰也又漢書司馬遷傳朽作巧顔

# 序

鬼谷子，何许人也？因先秦时期文献的流失与匮乏，现在已难以确切查考。虽然后代文献典籍，如宋代李昉的《太平广记》与马端临的《文献通考》等都曾对鬼谷子的生平做过简单记载，但不足为信。而西汉司马迁的《史记》中，据《苏秦列传》与《张仪列传》记载，苏秦与张仪这两位战国时期出色的纵横家都曾向鬼谷子求学。而在相关民间传说中，战国时期的军事家孙膑与庞涓也出自鬼谷子门下。这些都为鬼谷子的身份增添了许多神秘色彩。

但以鬼谷子之名传世的《鬼谷子》一书，却是先秦诸子百家中重要的一本。一般认为，现在传世的《鬼谷子》与先秦时期诸子百家的许多文献一样，都是鬼谷子其人及其弟子共同编撰而成。《鬼谷子》一书的版本系统相对而言并不是特别复杂，此次校注与翻译以清嘉庆十年（1805）秦恩复的刻本为底本，同时参考了署名陶弘景的注解。我们在对《鬼谷子》进行整理与全文翻译之时，也对所有的陶弘景注进行了解读，希望可以帮助大家更好地理解这部先秦时期的典籍。

如果您想直接了解《鬼谷子》所表达的内容，可以先从译文读起，然后再去看注释；如果想更详细地理解，逐句解读，推荐您先读原文，不理解的地方，再看注释，最后看译文。

总之，《鬼谷子》一书的内容十分丰富，既包含了治国、军事、外交、经营等大方向的问题策略，又着眼于心理战术运用、人际关系处理等小问题，全书充满着思考与智慧。而这种全方位的思考与智慧，或许就是后世将影响战国合纵连横的苏秦、张仪，以及杰出军事人才孙膑、庞涓都归于鬼谷子门下的重要原因之一。因此，从这个角度来看，《鬼谷子》一书对于当下的我们，不管是在商业战场，还是普通工作，抑或人际交往仍然具有十分重要的学习借鉴意义，而这也是《鬼谷子》一书历经千年仍颇具魅力的原因所在吧！

李东东

2020年11月18日于沪上陋室

# 鬼谷子其人其书

寒川子[1]

## 鬼谷子其人

百家诸子中，鬼谷子可谓是最富争议，也是最神秘的一个。

迄今为止，没有人知晓他姓甚名谁，生于何日，卒于何时，来自何处，去了何方，甚至连他这个人是否真实地活过也存在争议。

有意思的是，“鬼谷子”三字也恰到好处地诠释了这些争执。

“鬼”不是人，“子”却是人，中间的“谷”字更是妙意无穷。千山万壑，壑壑皆谷；谷道幽暗，人出鬼没。

鬼谷子生活在公元前500年，人类历史上那个继往开来、文化多元、社会错乱、创意力爆棚的超级时空。他与孔、孟、老、庄、墨等百家诸子一道，构成世界三大文明轴心其中一个轴心，影响后世两千余年。可以说，鬼谷子堪称风靡

① 中国先秦史学会战国纵横家研究分会会长。2013年，凭借畅销书《战国纵横：鬼谷子的局》位列作家富豪榜。本文摘录自《寒川子解读鬼谷子》，标题为后来重拟。

中国乃至全世界的成功学开山鼻祖。

## 《鬼谷子》其书

在战国中后期的诸子之学中，《鬼谷子》可谓一枝独秀，广受追捧，且追捧者往往能在社会上取得成就，名利双收，成为成功人士。

原因无他，《鬼谷子》是研究人心并征服人心的学问，是摄心之术。

换个复杂的说法，在中国人文史上，《鬼谷子》第一次有系统地分析了人何以为人的心理机制，并在充分探讨人的心理特征和心理活动的基础上，设计了一整套在人际交往中控制对手的实用技巧。

这些技巧其他门派没有掌握，更没有形成理论。

在鬼谷子之前，据《周礼》所载，从事外交邦务的人出自官宦世家，职责是“使于四方”“受命而不受辞”，研究的只是辞令，不是人心。

到了鬼谷子所处的战国时代，情势不同了。为生死存亡计，官员聘用不再单纯依据血脉，而是量贤度才。大量出身卑微的人纷纷走向朝政的重要岗位，甚至出将入相。

然而，对出身卑微的平民、士子来说，机会虽然来了，但仅有贤能与才智是不够的，他们迫切需要某种行之有效的策略，以向君王成功地推销自己，求得任用。

而要成功地向君王推销自己，首要的是知王。

如何知王？揣摩、量权君王的内心，知其所欲、所惑、所惧、所急。

《鬼谷子》由是而生，适时、恰切地为这些学子提供了由捭阖之道所统御的“摄心”大法，也因此被他们奉若神书。

而到了今天，《鬼谷子》依旧影响着世人。

## 鬼谷子及《鬼谷子》之影响

从唐代开始，鬼谷子这个形象渐渐走向两个方向：

一个方向是由实到虚。鬼谷子由一个真实存在渐行渐远，走向虚无，先是成为隐士，继而成为真人，再后是仙，被道教列为道教史上的重要仙祖之一。

另一个方向是由虚到实。鬼谷子由一个模糊的地域符号走向具体，渐渐有了名姓，有了身世，有了传奇，有了故事。鬼谷子的能力越来越强，能量越来越大，弟子也越缀越多，最终成为整个中华民族的智慧代言人，多家方术门派皆以鬼谷子为自己的祖师爷。

这些以鬼谷子为先驱人物或师尊、师祖的门派计有：阴阳家（风水师）、仙家、命相家、医家、天文家、占星家等。

由于鬼谷子名号的神秘性，自魏晋以后，有关鬼谷子的传说就多起来，诸如秦始皇旨令徐福去请教鬼谷子，茅蒙求道于鬼谷子，蔡邕走访鬼谷子，等等。

显然，这些传说与传奇多是江湖术士为神秘其道而拿鬼谷子说事。

从法理上说，鬼谷子频频“蒙冤”也不算无辜。换言之，鬼谷子是该当的。

首先是因为他名字中的“鬼”字。神鬼，神出鬼没，命运，神秘莫测。命运与鬼神，似乎有着天然的联系，后世命相者若要寻找一个人作托，自然非鬼谷子莫属了。

其次，百家理论中，只有鬼谷子的理论体系适合命相术士的实际需要。命相好歹，未来吉凶，皆为心之事。百家诸学中，唯有鬼谷子的理论“捭阖道术”是琢磨心之事的。所以，真正的命相大师，首先要熟读《鬼谷子》。不仅要熟读，还要穷尽其理，融会贯通，否则，是悟不开眼前相术的。

近几年来，鬼谷子热再度兴起，各类鬼谷子研究风起云涌。鬼谷子理论正成为学术研究的大热门之一。

## 后世对《鬼谷子》及鬼谷子的评价

自古迄今，诸子百家及其学术中，鬼谷子与《鬼谷子》其书一直是朝野士大夫争论的焦点之一。这些争议中，有肯定的，有否定的，有赞赏的，有咒骂的，有奉若神明的，有不屑一顾的。褒贬不一，众说纷纭。

**褒扬类：**

1. 司马迁

没有哪位大神能如司马迁这般以实际行动诠释对《鬼谷子》的爱。

在《史记》为诸子作传时，他将最大篇幅给了纵横门，计有《苏秦列传》《张仪列传》等十一篇之多，所占比例之高，令人咋舌。同时，他还将运用纵横术炉火纯青的张良、陈平提高规格，列入“世家”。

此时无声胜有声，在编纂《史记》时，司马迁对鬼谷子未置一辞之评，只对《鬼谷子》一书所产生的丰功伟业详细列陈，可见爱之深沉。

2. 刘勰

刘勰是文学大家，更是批评大家，其《文心雕龙》享誉后世。

《文心雕龙》是品评前人文字的，对《鬼谷子》一书，刘勰未置一词，对鬼谷子却是极力褒扬；对鬼谷子所炫之技，更是叹为观止。

他将鬼谷子拉到与孟子、庄子、墨子、申不害、商鞅等人一样的高度，给出的评语是“唇吻以策勋”，也就是凭三寸不烂之舌建功立业。

对鬼谷子所炫之技，刘勰更是赞叹有加，用辞是“鬼谷渺渺，每环奥义”，一辞道尽鬼谷子理论的高深莫测。

3. 欧阳修

“唐宋八大家”之一的欧阳修在《崇文总目叙释》一书中，对纵横术的评语是“有足取焉”，而在《跋平泉草木记》

中则写道："顾天下诸侯无不在其术中者。"

从这两句评论中，我们可以看出欧阳修对纵横术的评价：不褒不贬，只重于陈述史实。

欧阳修是北宋文坛领袖，《醉翁亭记》脍炙人口。他不露声色地将《鬼谷子》夸耀一番，以彰显他对《鬼谷子》一书的喜爱。

想想也是，欧阳修一生算是非常顺利，官越做越大，这样一个风流倜傥的宋代大才子，如果对鬼谷子的纵横术没有足够的研究与应用，是不可能在北宋的复杂官场中顺风顺水的。

**贬损类：**

1. 孟子

将孟子列在首位，原因只有一个，是他为鬼谷门的纵横术定了一个差评的基调。后世儒者多因他的这个定调而对《鬼谷子》刻意保持距离，虽然他们大多心向往之。

孟子为纵横术定调的原典出自《孟子·滕文公下》，景春问："公孙衍、张仪岂不诚大丈夫哉？"而从头至尾，孟子都没有直接点名批评公孙衍、张仪，而是以实证来比喻他们的所行不过是"妾妇之道"，即一味顺从君上，想君上之所想，急君上之所急，为君上之所欲为。

换言之，孟子不露声色地批评了"纵横家之流"不讲"正义"，只以阴诈之术获利的学术与作派，是母亲所训诫的"妾妇之道"，而不是父亲所训导的"大丈夫之道"。

什么才是父亲所训导的“大丈夫之道”呢？孟子给出的定义是：“居天下之广居，立天下之正位，行天下之大道。得志与民由之，不得志独行其道。富贵不能淫，贫贱不能移，威武不能屈。”

亚圣就是亚圣，连骂人都不带脏字。然而，孟子给出的这个大丈夫之道，古往今来，又有几人能够真正做到呢？

2. 柳宗元

比起孟子，柳宗元的贬损要略略温柔一些、儒雅一些，给出的评语是“要为无取”。

这四字的意思是，《鬼谷子》一书所云基本“无取”，就是没有可取用之处。

他在《辨鬼谷子》中写道：“汉时刘向、班固录书，无《鬼谷子》，《鬼谷子》后出。而险盩（zhōu）峭薄，恐其妄言乱世，难信……”

柳宗元认为《鬼谷子》一书有可能不是真的，是后世伪作，理由是两汉的史学大家刘向与班固在辑录先秦古籍时，均未收录此书，接着他给出具体差评，“险盩峭薄”“妄言乱世”“难信”，后世学者不宜“道”之。

**不褒不贬类：**

纪晓岚

纪晓岚大家都熟悉，他的职责是编纂《四库全书》。作为吃儒家饭的文人，纪晓岚不能抬高《鬼谷子》，但作为从纵横术中受益的文人，纪晓岚也不想违心。在编到《鬼谷子》时，纪晓岚写了一篇《鬼谷子纪要》，他认为，高似孙认定《鬼谷子》超出《易经》与《老子》、融会战国诸家的评价是“成为过当”，同时认为宋濂指责《鬼谷子》为“蛇鼠之智”是“抑之过甚”，而柳宗元所说的“言益奇，而道益陿（xiá）”，是“差得其真”。

对他人批评一通后，纪晓岚给出自己的结论，“盖其术虽不足道，其文之奇变诡伟，要非后世所能为也”，也就是否定《鬼谷子》所倡之术，肯定《鬼谷子》的行文风格。

对纪晓岚来说，这么做的好处一举两得：否定鬼谷法术，是儒门之义；肯定其文风，是文人之气。

## 《鬼谷子》的普世价值

《鬼谷子》一书是华夏先贤奉献给全人类的文化遗产，其理论不只适用于乱世战国，不只适用于追名逐利的枭雄，也适用于现在，适用于未来，适用于和平盛世，适用于任何人。

这是因为，《鬼谷子》独辟蹊径，完美地建立了一整套行之有效的人类交际学理论模式，具有普世性与永恒性双重意义。

《鬼谷子》是弱者之学、君子之学、成功之学、人心之学、人性之学。

它提出了一整套知己知彼、修心制彼，并在危急关头全身而退的智慧法术，从头至尾，几乎全程讲述如何降服人心的道与术。换言之，鬼谷子理论体系中的每一个理论、每一个概念，都与人心相关。

《鬼谷子》一书为践行者预设的目标是明确的——制服对手，要求践行者借助的手段是清楚的——口舌。关键是，《鬼谷子》更为践行者提供了一整套切实可行的操作“法术”，即如何利用口舌完成整个制服过程。

这也是笔者为什么认定《鬼谷子》是一套接地气、可操作的成功学理论的原因。

因此，以放之四海而皆准的普遍人心、人情、人性为标靶的《鬼谷子》理论体系，不独属于华夏族，不独属于中国人，而是属于全人类。

# 目 录

# 捭阖第一

## 题 解

“捭”（bǎi），《说文解字》云：“两手击也。”清代段玉裁注：“谓左右两手横开旁击也。”即两手横向对外旁击。“阖”（hé），《说文解字》云：“门扇也。一曰闭也。”“捭阖”即开合。陶弘景注：“捭，拨动也；阖，闭藏也。凡与人言之道，或拨动之令有言，示其同也；或闭藏之令自言，示其异也。”陶弘景此注的意思是，“捭”，就是拨动的意思，“阖”，就是闭藏的意思。凡是与人言说道理，或者使用“捭”的方法去拨动他，让他感受到彼此之间的相同，或者使用“阖”的方法去闭藏自己的想法，暗中审视彼此之间的相异。

依据陶弘景所注，“捭阖”乃一种战国纵横策士游说、谋略的技巧。“捭”就是在游说时，先开诚布公地讲出自己的意见，进而引导对方接受自己的谋划；而“阖”则是自己先保持沉默，或隐藏自己的真实意图，诱导对方先讲出其真实的打算和意图，并暗自揣测是否与自己的相符合，然后依此做出下一步行动。

陶弘景的注解单从本篇来看，确有一定道理，但稍显狭隘。本篇作为战国时期纵横家的理论著作《鬼谷子》的第一篇，是全书的总纲。它吸收了先秦时道家及阴阳家的部分成果，从而把纵横家的游说之术提到了哲学的高度，使捭阖之术成为纵横家在风云诡谲的战国时期游说诸侯、谋取功名利禄的基本原则。

本篇主要包括以下内容：首先，依圣人立论。圣人“为众生之先”，最懂得如何运用捭阖之术来掌管万物，乃至人。其次，讲利用捭阖之术游说时要遵循的一些原则，如“即欲捭之贵周，即欲阖之贵密。周密之贵微，而与道相追”。是说实行捭阖之术时，必须周详而隐秘。又如：“捭之者，开也，言也，阳也；阖之者，闭也，默也，阴也。阴阳其和，终始其义。”是说捭阖之术在使用时，要针对不同的对象、不同的情况而灵活选择，要做到像阴阳一样互相协调。

## 【原文】

粤若稽古[①]，圣人[②]之在天地间也，为众生之先[③]。观阴阳之开阖以名命物[④]，知存亡之门户[⑤]。筹策万类之终始[⑥]，达人心之理，见变化之朕焉[⑦]，而守司其门户[⑧]。故圣人之在天下也，自古及今，其道一也[⑨]。

【注释】

①“粤”通“曰”，语气词。《说文》云：“粤，审慎之词者。”**陶弘景注**：“若，顺；稽，考也。”“粤若稽古”即顺考古道。王世贞曰：“凡刑名游说，诸家立说，必牵扯圣人以骇世。大率如此。”是说古人为了强调自己的学说，往往借圣人来抬高自己。

②“圣人”，指彻底掌握纵横之术的人。

③“众生”，尹桐阳曰：“众生谓众民也。”许富宏说：“众生，指大自然中的一切生命。”**陶弘景注**：“首出万物，以前人用先知觉后知，先觉觉后觉，故为众生先。”意思是，天下有很多的圣贤之人，他们生而知周万物，先觉醒的人得帮助后来者觉醒，所以这些先知先觉者们担当着社会的大任，能人所不能。

④“阴阳”，为古代哲学概念。道家认为万物皆由阴阳构成，孤阴不生，孤阳不长。《老子》第四十二章：“道生一，一生二，二生三，三生万物。万物负阴而抱阳，冲气以为和。”“开阖”即“开合”。《易·系词》：“一开一阖谓之变。”“以名命物”，即给事物命名。**陶弘景注**：“阳开以生物，阴阖以成物。生成既著，须立名以命之也。”意思是，阴阳生成万物，而圣人给万物命名。

⑤“门户”，即枢纽、关键。**陶弘景注**：“不忘亡者，存；有其存者，亡。能知吉凶之先见者，其唯知几者乎？故曰知存亡之门户也。”意思是，不忘记有死亡威胁的人才能生

存，只知道生存而忽视死亡威胁的人，最终会死亡。这是告诫纵横之士要懂得存亡的相互关系，要有预测凶吉的能力。

⑥“筹策”，即谋划。“筹”，《说文解字》云：“壶矢也。”即古代投壶游戏所用的签子，也是古代计数用的竹码类工具。“策”，本义为马鞭，也指古人用于计数或打卦的工具。“万类”，万物。“终始”，事物发生演变的全过程。

⑦“朕”，征兆、迹象。**陶弘景注**：“万类之终始，人心之理，变化之朕，莫不朗然元悟而无幽不测，故能筹策远见焉，朕迹也。”意思是，圣人对万物发展的始终，人心变化的迹象，都能明白体悟于心，所以能制定具有远见的谋略以应对事物的变化。

⑧“守司”，掌握、管理。**陶弘景注**：“司，主守也。门户，即上‘存亡之门户’也。圣人既达物理之终始，知存亡之门户，故能守而司之，令其背亡而趣存也。”“趣”，通“趋”，趋向。陶弘景此注的意思是，圣人掌握了万物存亡的关键，并引导万物背亡趋存。

⑨**陶弘景注**：“莫不背亡而趣存，故曰其道一也。”意思是，纵横策士在游说时，无论采取什么方式，最终都应该起到趋利避害的作用。

## 【译文】

纵观古代历史，圣人生于天地之间，作为万物的先导，能通过观察阴阳开合变化生成万物的过程，而给万物命名。

因此，圣人也懂得万物生死存亡的关键。圣人通过揣度万物的发生过程，洞察人内心的细微变化，揭示万物变化的征兆，从而掌握处理事情趋利避害的关键。所以，圣人在世，遵从的守则始终如一。

【原文】

变化无穷，各有所归[①]，或阴或阳，或柔或刚，或开或闭，或弛或张[②]。是故圣人一守司其门户，审察其所先后[③]，度权量能，校其伎巧短长[④]。

【注释】

①**陶弘景注**："其道虽一，所行不同，故曰变化无穷。然有条而不紊，故曰各有所归。"意思是，道依据万物本性之不同而变化无穷，使之有条不紊，各自有所归属。

②"弛"，《说文解字》："弓解也。"引申指松弛。"张"，《说文解字》："施弓弦也。"引申指拉紧、紧张。**陶弘景注**："此言象法各异，施教不同。"此四句乃承上而具体阐述"各有所归"之理。

③**陶弘景注**："政教虽殊，至于守司门户则一，故审察其所宜先者先行，所宜后者后行之也。"意思是，道虽为一，但圣人能依据实际情况择机而动。

④"度"，量长短。"权"，称轻重。"量"，衡量。"能"，才能。"校（jiào）"，比较。"伎巧"，技术、技

艺。“短长”，优劣。**陶弘景注：**“权，谓权谋；能，谓才能；伎巧，谓百工之役。言圣人之用人，必量度其谋能之优劣，校考其伎巧之长短，然后因材而任之也。”意思是，圣人能根据人的谋略优劣、才能高低而任用之。

## 【译文】

世间万物虽然变化无穷，但道都能使它们有条不紊，各有归宿：有的属阴，有的属阳；有的表现为柔弱，有的表现为刚强；有的开放，有的紧闭；有的松弛，有的紧张。因此，圣人能始终掌握事物变化的关键，并能审察其变化的先后顺序，权衡其轻重缓急，比较其优劣短长，进而依据万物的特点而利用它们。

## 【原文】

夫贤不肖、智愚、勇怯、仁义有差①，乃可捭，乃可阖②；乃可进，乃可退；乃可贱，乃可贵，无为以牧之③。审定有无与其实虚，随其嗜欲以见其志意④。微排其所言而捭反之，以求其实，贵得其指⑤；阖而捭之，以求其利⑥。

## 【注释】

①“贤”，贤人，德才兼备的人，“不肖”与“贤”相对，指无才能的人。“差”，不同、区别。这几句主要讲人的品性各有差异。**陶弘景注：**“言贤不肖、智愚、勇怯，材性

不同，各有差品。”原文此句的意思是，人的才性有贤、不肖、愚、智、勇、怯等差异。

②原文此句的意思是，人的品性不同，因此，捭阖之术的使用也有差别。**陶弘景注**：“贤者可捭而同之，不肖者可阖而异之；智之与勇可进而贵之，愚之与怯可退而贱之。”意思是，贤能的人可以同他开诚布公，不贤能的人则需要对他保持沉默；聪明勇敢的人可鼓励他积极行动，并尊重他的意见，而愚昧怯懦的人则不能让他冒进，且慎重对待他的意见。

③“牧”，掌控、驾驭。**陶弘景注**：“贤愚各当其分，股肱各尽其力，但恭己无为牧之而已矣。”陶弘景是从君主任用人才、管理国家的角度解释，意思是说，君主能做到人尽其才，便可达到无为而治的目的。

④“审定”，审察断定。“嗜欲”，嗜好与欲望。“见”，后写作“现”，显现、显露。“志意”，志气、愿望。**陶弘景注**：“言任贤之道，必审定其材术之有无，性行之虚实，然后随其嗜欲而任之，以见其志意之真伪也。”意思是，任人之道须考察其才能品性，依其爱好而任用。

⑤“微”，暗中。“排”，排查。“指”，通“旨”，旨意、意向。这几句是说，可以暗中排查对方的言辞，找到其缺陷，然后用“捭”的方式，可推知对方的真实志意。

⑥这句话的意思是，搞清实情之后，便采取行动，以获得利益。**陶弘景注**：“实情既得，又自闭藏而拨动彼，以求其

所言之利何如耳。”意思是，获得对方实情之后，仍然隐藏自己的想法，以挑动对方，从而使其主动追问所谋划事情的利益得失。

【译文】

人的秉性是有差异的，有的贤能，有的不肖；有的聪明，有的笨拙；有的勇敢，有的怯弱。因此，需要根据每个人的特性而任用，有的可以放开手脚使用，有的则坚决不用，有的可以提拔，有的需要斥退，有的可以轻视，有的需要尊重。总之，管理人才要顺应自然之道。如果重用某人时，须详查其才能的虚实，顺其爱好和欲望，进而考察其真实的志向、意图。在与对方交谈中，暗自揣摩其言辞，再通过询问来考察其真伪虚实，以掌握其实情和真实的旨意。最后再通过“阖”或“捭”的方式使用人才，这样才能从中获得利益。

【原文】

或开而示之，或阖而闭之。开而示之者，同其情也；阖而闭之者，异其诚也[①]。可与不可，审明其计谋，以原其同异[②]。离合有守，先从其志[③]。即欲捭之贵周，即欲阖之贵密[④]。周密之贵微，而与道相追[⑤]。

【注释】

①“情”“诚”同义，实情。**陶弘景注：**“开而同之，

所以尽其情；阖而异之，所以知其诚也。”陶弘景注的意思是，如果自己与对方志趣相同，则开诚布公，坦诚相告；若不同，就严加保密，丝毫不露。

②**陶弘景注**：“凡臣所言，有可有不可。必明审其计谋以原其同异。”意思是，臣子所说的话，有的可以采用，有的不可以采用，君主一定要仔细甄别。

③离合有守，先从其志：“守”，等待、守候。萧登福曰：“离合指同异而言，计谋相同则合；异则离。”意思是，或离或合，须依照对方的意愿适时而动。**陶弘景注**：“谓其计谋，虽离合不同，但能有所执守，则先从其志以尽之，以知成败之归也。”意思是，自己与对方的计谋虽有所不同，但须坚守等待，先尽量满足对方的志意，纵容其行事，以此探知计谋成败与否。

④“周”，周密、严谨。“密”，严密、紧密。这两句意思是，无论选取“捭”还是“阖”，都要思虑周全。**陶弘景注**：“言拨动之，贵其周遍；闭藏之，贵其隐密。”意思是，挑动对方的时候，贵在思虑周密；隐蔽自己的时候，贵在隐秘不宣。

⑤“微”，隐藏、隐匿。“追”，赶得上、比配。这里借道家之“道”，意在说明无论采取哪种策略，都应像“道”一样归于无形。

【译文】

在游说时，对自己的真实想法，或者同对方开诚布公，坦然相告，或者严加保密，丝毫不露。当自己的想法与对方相同时，即可坦然相告，当自己的想法与对方不同时，就应秘密隐藏。无论使用哪种方式，皆须仔细考察对方的意图，以探究其与自己的异同之处。无论是离是合，都要先顺其意愿，等待时机，然后适时而动。若要开诚布公，务必思虑周全；若要隐而不告，也须严密隐蔽。周全、隐蔽的最高境界则同“道”一样归于无形。

【原文】

捭之者，料其情也；阖之者，结其诚也[①]。皆见其权衡轻重，乃为之度数[②]，圣人因而为之虑。其不中权衡度数，圣人因而自为之虑[③]。

【注释】

①“料”，揣度、估量。“结”，系束、坚定。尹桐阳曰：“‘结’通‘诘’，纠察也。”**陶弘景注**：“料谓简择，结谓系束。情有真伪，故须简择；诚或无终，故须系束也。”意思是，情有虚有实，因此需要选择；诚心并不都能贯穿始终，所以需要使之坚定牢固。

②“权衡”，称量物体轻重的器具。“权”，本意指秤锤，“衡”，本意指秤杆。“为”，替、给。“度数”，标

准、规则。**陶弘景注**：“权衡既陈，轻重自分，然后为之度数，以制其轻重。（轻重）得所，因而为设谋虑，使之遵行也。”意思是，替人谋划须揣摩其真实所需，然后权衡其轻重缓急，再为之周密谋划。底本缺“轻重”二字。

③“中”，这里念“zhòng”，符合。“自为之虑”，为自己另做谋划。**陶弘景注**：“谓轻重不合于斤两，长短不充于度数，便为废物，何所施哉？圣人因是自为谋虑，更求其反也。”意思是，替人谋划时，若与对方所想不相符合，就要替自己另做打算，否则就如秤称量的重量与实际重量不相符合，秤便是无用的废物一般。

## 【译文】

用“捭”是为了揣度对方的虚实真假，用“阖”是为了坚定对方的诚心。所有这些都是为了让对方显示其真实的需求，然后依据其需求的轻重缓急而为之谋划，制定应当遵循的准则。如果所谋划的与对方的实际所需不相符合，则要替自己考虑好退路。

## 【原文】

故捭者，或捭而出之，或捭而内之①；阖者，或阖而取之，或阖而去之②。捭阖者，天地之道。捭阖者，以变动阴阳，四时开闭，以化万物③。纵横反出，反覆反忤，必由此矣④。

【注释】

①“出”，出现、显露。“内”，“纳”的古字，接纳。**陶弘景注：**“谓中权衡者，出而用之；其不中者，内而藏之也。”意思是，如果臣子提出的谋略与君主的相符合，就使用它；如果不相符合，就要藏在心里。

②“取”，采取。“去”，离开。**陶弘景注：**“诚者，阖而取之；不诚者，阖而去之。”从上下文看，陶弘景依然是从君臣关系注解此句，是说君在选择臣时，依据前面的判断，若觉得臣的谋划是真诚的，则使用；若不真诚，则要抛却。

③“化”，生长、化育。**陶弘景注：**“阴阳变动，四时开闭，皆捭阖之道也。”意思是，阴阳的变化，四季的运行，万物的生育，都符合捭阖之道。

④“纵横”，交错、各种变化。“忤”，抵触，相背。这几句是说事物往返复来，顺此忤彼，虽形式不同，但都符合捭阖之术。

【译文】

所以在游说中，“捭”能让对方显现其真实的需求，或者能让对方接受自己的谋划；“阖”能让自己有所收获，或者能让自己全身而退。“捭阖”之术，就是符合自然的大道。“捭阖”能使阴阳发生转变，从而让四季循环往复，进而化育万物。因此，万物交错变化，或返或出，或覆或翻，都必是由“捭阖”而生。

【原文】

捭阖者，道之大化，说之变也①。必豫审其变化，吉凶大命系焉②。口者，心之门户也；心者，神之主也③。志意、喜欲、思虑、智谋，皆由门户出入④。故关之以捭阖，制之以出入⑤。

【注释】

①“大化”，变化。俞樾《读书余录》认为“大”字是衍文：“大字，衍文也。道之化，说之变，相对成文。”注云：“言事无开阖，则大道不化，言说无变。故开闭者，所以化大道，变言说。注中大字，乃陶氏加以足句，正文本无大字。犹言说之言，亦陶氏加以足句。此说可从。”“说”，言说。**陶弘景注**：“言事无开阖，则大道不化，言说无变。故开闭者，所以化大道，变言说。”总结起来，意思是，“捭阖”乃道与游说变化无端的关键。

②“豫”，同“预”，预备、事先有准备。“大命”，生命。**陶弘景注**：“事虽大，莫不成之于变化。故必豫审之。”又云：“天命，谓圣人禀天命王天下，然此亦因变化而起，故曰吉凶大命系焉。”意思是，采用“捭”还是采用“阖”，必须先预测可能出现的各种情况。因为方式选择正确与否，关系到生死存亡。

③“心”，古人认为心是主管思维与精神的器官。“主”，主宰。**陶弘景注**：“心因口宣，故曰‘口者，心之门户也’。

神为心用，故曰‘心者，神之主也’。”意思是，心意需要通过口表达出来，所以口是心的门户；心是精神的主宰，所以心是“神之主”。

④“志意”，志向、意愿。“喜欲”，爱好、欲望。**陶弘景注：**“凡此八者，皆往来于口中。故曰皆由门户出入也。”意思是，志意、喜欲、思虑、智谋都源自人的心理，而又通过人的口表达出来。

⑤“关”，与“制”同义，控制。**陶弘景注：**“言上八者，若无开闭，事或不节。故关之以捭阖者，所以制其出入。”意思是，上面所说的八种事情，若不能依循规律开合，就不能掌控谋划的事。所以，游说时要懂得用捭阖之术控制自己言语的出入，要善于控制自己的言说。

## 【译文】

“捭阖”如同“道”一样变化无穷，是游说时随机应变的关键。游说时使用“捭”还是“阖”，都需要提前预测各种可能出现的变化，因为事情的吉凶乃至人的生死都与其密切相关。嘴是人心意出入的门户，心是人精神的主宰。人的意志、情欲、思虑和智谋等都需要通过嘴表达出来，所以嘴是“捭阖”的关键，要能控制自己的言语。

## 【原文】

捭之者，开也，言也，阳也；阖之者，闭也，默也，阴也[①]。阴阳其和，终始其义[②]。故言长生、安乐、富贵、尊荣、显名、爱好、财利、得意、喜欲为阳，曰始[③]。故言死亡、忧患、贫贱、苦辱、弃损、亡利、失意、有害、刑戮、诛罚为阴，曰终[④]。诸言法阳之类者，皆曰始，言善以始其事；诸言法阴之类者，皆曰终，言恶以终为谋[⑤]。

【注释】

①这是接上文继续解释捭阖。“默”，沉默。**陶弘景注**：“开言于外，故曰阳也；闭情于内，故曰阴也。”意思是，对外表露自己的言论就是“阳”，封闭自己的想法即是“阴”。

②“和”，和谐。“终始”，开始与结束。“义”，理。**陶弘景注**：“开闭有节，故阴阳和。先后合宜，故终始义。”意思是，或开或闭要有节制，这样才能如阴阳一样互相协调，且游说时自始至终都须遵循这个道理。

③“尊荣”，尊贵、荣显。“显名”，显赫的名声。“财利”，财物、货利。“始”，开端。此处倡导把获得功名利禄作为人生的起点。

④“弃损”，抛弃和损害。“有害”，尹桐阳曰：“‘有害’连言，‘有’字当通‘訧’（通“尤”，怨恨、过失），罪也。”“刑戮”，受刑罚或被处死。“诛罚”，责罚、惩治。**陶弘景注**：“凡此皆欲人之死，故曰阴曰终。”这是提醒这十种情况都应该竭力避免。

⑤“法”，效法。“诸言”，各种言论。“善”，好处、优点。“恶”，与“善”相对，即缺点、坏处。萧登福曰：“以有利的一面来劝诱对方，使他开始行动；以不利的一面来阻止对方，使他停止行动。”

【译文】

所谓“捭”就是开放，就是言说，就是阳；所谓“阖”就是闭合，就是沉默，就是阴。就像阴阳需要互相调和一样，采用“捭阖”之术替人谋划，从开始到结束也要相得益彰。所以说长生、安乐、富贵、尊荣、显名、爱好、财利、得意、喜欲，都视为“阳”，称为“始”；而死亡、忧患、贫贱、苦辱、弃损、亡利、失意、有害、刑戮、诛罚，都视为“阴”，称为“终”。各种采用“阳”一类的事情来立说的言论，都可称为“始”，因为他们都是通过事情好的一面来游说对方采取行动。而那些采用“阴”一类的事情来立说的言论，都可称为“终”，因为他们是从事情不利的一面来劝说对方停止行动。

【原文】

捭阖之道，以阴阳试之①。故与阳言者，依崇高，与阴言者，依卑小②。以下求小，以高求大③。由此言之，无所不出，无所不入，无所不可④。可以说人，可以说家，可以说国，可以说天下⑤。为小无内，为大无外⑥。益损、去就、倍反，皆以阴阳御其事⑦。

【注释】

①“试”，试探。这句话意思是，从阴阳两个方面试探。

②“阳”，指性情阳刚、积极进取、品性崇高的人。“崇高”，高大，此处指积极远大的内容。“阴”，与“阳”相反，指性情阴柔、消极畏惧、品性低下的人。“卑小”，卑微，此处指微小易成功的内容。**陶弘景注：**“谓与阳情言者，依崇高以引之；与阴情言者，依卑小以引之。”意思是，对于品性不同的人，游说的内容也应不同。

③“下”，即前文“卑小”。“求”，适应。“小”，即前文“阴”。“高”，即前文的“崇高”。“大”，即前文“阳”。**陶弘景注：**“阴言卑小，故曰以下求小；阳言崇高，故曰以高求大。”意思是，与性格阴柔的人谈论的是易成功的事，所以是用“下”顺应“小”；与品性崇高的人谈论的是远大的目标，所以是以“高”适应“大”。

④这句话的意思是，任何事都可以做成。**陶弘景注：**“阴阳之理尽，小大之情得，故出入皆可。出入皆可，何所不可乎？”意思是，能穷尽天下之理，能明察大小事物的实情，所以能进退自如。能做到进退自如，还有什么事做不成呢？

⑤“人”，指一般人。“家”，指卿大夫。“国”，指具有封地的王、侯。“天下”，指天子。**陶弘景注：**“无所不可，故所说皆可也。”意思是，能根据不同人的品性进行游说，不

仅可以游说一般人、卿大夫、王侯，甚至可以游说天子。

⑥“为”，动词，做、处理。“无”，不论。**陶弘景注**：“尽阴则无内，尽阳则无外。”意思是，无论做大事还是小事，都不能局限于所做之事，要能辩证对待。

⑦“益损”，增减。“去就”，离去或接近。“倍”，通“背”，背弃。“反”，后写作“返”，返回。“御”，控制。这几句意思是，游说时，言辞谋略或增或减，或离开游说对象，或接近游说对象，都需要依据实际情况来作出判断。

【译文】

游说中，所谓“捭阖”之道，就是反复从“阴”“阳”两方面进行试探。因此，游说性情阳刚、品性崇高的人，就需要用积极远大的内容去引导他。游说性情阴柔、品性低下的人，就需要用容易成功的事情去引导他。照此去游说，可进退自如，就没有什么事做不成。用“捭阖”之术，可以游说普通人，可以游说卿大夫，可以游说诸侯，甚至可以游说天子。无论所做的是大事还是小事，都不能局限于事情本身，而要辩证地看待。益损、去就、背反，都可以用阴阳开合之道来驾驭控制。

【原文】

阳动而行，阴止而藏；阳动而出，阴隐而入；阳还终阴，阴极反阳[①]。以阳动者，德相生也；以阴静者，形相成也。以阳求阴，苞以德也[②]；以阴结阳，施以力也。阴阳相求，由捭阖也。此天地阴阳之道，而说人之法也。为万事之先，是谓圆方之门户[③]。

【注释】

①此六句讲阴阳的相互作用，实际也就是讲“捭”与“阖”的相互转化。**陶弘景注：**“此言君臣（道藏本作“上下”）相成，由阴阳相生也。”意思是，君与臣相互成就，阴与阳相互生发。

②**陶弘景注：**“此言君以爵禄养臣，臣以股肱宣力。”陶弘景认为，此句仅谈论君臣关系，君施德于臣，臣应竭力回报君。《鬼谷子》是一部谈论谋略的书。其所谈谋略当不限于君臣之间，故陶注往往仅从君臣之间来诠释，略显狭隘。

③“圆方”，指天地。**陶弘景注：**“天圆地方，君臣之义也。理尽开闭，然后能生万物，故为万事先。君臣之道，因此出入，故曰圆方之门户。圆，君也，方，臣也。”意思是，天圆地方，天地之间的开合包含各种道理，然后能生成万物，所以能先于万物而形成。君臣的关系与此相似，所以说“捭阖”是处理君臣关系的关键。

【译文】

“阳”即行动前进，“阴”就是停止隐藏；“阳”动而出，“阴”随其后。“阳”反复运动，最终转化为“阴”；

“阴”发展到极点，而又转化为“阳”。“阳”表示运动，道德也在其中生成；“阴”表示静止，形体相随产生。游说时，从“阳”转化为“阴”，需要用高尚的德行包容对方；从“阴”转化为“阳”，需要竭尽全力去施行。阴阳相互转化，必须以“捭阖”之道为途径，这便是天地阴阳之道，也是游说他人的根本方法。“捭阖”之道可以说是万事运行的根本条件，也是处理天地间事情的关键。

# 反应第二

## 题 解

本篇是《鬼谷子》中关于刺探对方情报信息的专论。《说文解字》云："反，覆也。""反"的本义是把物体翻转过来。本篇主要指反复。"应"本篇指反应、应和。本篇"反应"作为一种游说之术，主要是指通过反复思考、探析，准确地把握对方的实情，进而制订出相应的策略。尹桐阳曰："《说文》：'反，覆也。'《尔雅》：'应，当也。'不合者反覆而使之合，其终必归于当，是谓反应。圣人审慎之至策耳。"尹注的意思是，反应就是在游说时，使用某些策略不断试探对方，使其表露真实想法。其中与自己不相符合的，则通过各种方式不断进行调整，从而使彼此相一致。

本篇主要论述了"反应"之术的重要性及其具体方法。首先，"反应"之术是圣人用来了解古今、知己知彼的重要方式，因此，不可不察。其次，在游说时，"反应"之术表现为："象比之辞""钓语""变象比"等。所谓"象比之辞"，即运用比喻、象征等形象化的语言，或相类似的历史事例，来诱导对方；所谓“钓语”，即通过一些启发性或试探性的语言，以诱导对方说出实情；所谓“变象比”，即在游说时，根据对方的反应不断变化自己言辞中的“象”“比”，从而达到“同声相呼”。

另外，《太平御览》卷四六二引用本篇时，篇题作《反覆》。萧登福说：“以文义观之，实应该作‘反覆’。”此说可参考。

【原文】

古之大化者①，乃与无形②俱生。反以观往，覆以验来；反以知古，覆以知今；反以知彼，覆以知己③。动静虚实之理，不合于今，反古而求之④。事有反而得覆者，圣人之意也，不可不察⑤。

【注释】

①“大化者”，指教化众生的圣人。**陶弘景注**：“大化者，谓古之圣人，以大道化物也。”意思是，大化指的是古代的圣人，圣人能以自然之道教化众人。尹桐阳也说：“圣人以大道化物，因名圣人曰大化。”

②**陶弘景注**：“无形者，道也。动必由道，故曰无形俱生也。”意思是，“无形”就是指自然之道。《道德经》第二十五章：“有物混成，先天地生。寂兮寥兮，独立而不改，

周行而不殆，可以为天下母。吾不知其名，字之曰道。”可以参考。

③“反”，返回、重复。“覆”，翻转、回覆。“往”，从前、过去。“来”，将来、未来。**陶弘景注：**“言大化圣人，稽众舍己，举事重慎，反覆详验。欲以知来，先以观往；欲以知今，先以考古；欲以知己，先度于彼，故能举无遗策，动必成功。”意思是，圣人行事极为慎重，总是反反复复地仔细查验。要欲知未来，必先回顾过去，要想了解对方，必先了解自己，只有这样，提出的建议或谋划才没有任何遗漏，做事才能取得成功。

④“动静”，行动与停止。**陶弘景注：**“动静由行止也，虚实由真伪也。其理不合于今，反求诸古者也。”意思是，世间事物动静虚实，如果与现在发生的情况不合，便需要返回去研究古代历史，从而寻求正确答案。

⑤“覆”，审察、查核。“察”，理解、知道。这几句意思是，任何事情都可以运用“反”的手法而得到查验，这是圣人教导的，因此不可以不懂得这个道理。**陶弘景注：**“事有不合，反而求彼，翻得覆会于此。成此在于考彼，契今由于求古，斯圣人之意也。”“不审则失之于机，故不可不察也。”意思是，若遇到事情发展的情况与自己预期的不同，则需要考虑其他因素的影响，这是圣人的教导。假如不懂得这个道理，就会在细微处犯错，从而导致事情失败，因此，一定要懂得这个道理。

【译文】

古代化育世间万物的圣人，是与自然大道共生共长的。因此，圣人在处理任何事情时，总是能做到从事物正反两个方面来看待。他们返回去观察事物以往的发展规律，翻过来验证其将来的动向，返回去了解事物古代的情况，翻过来理解现在出现的变化，返回去了解别人，翻过来也进一步认识自己。对事物的动静虚实预测，如果与现在的情况不相符合，圣人便返回去研究古代历史，从而寻求正确的答案。任何事情往往都可以通过返回去研究过去的情况而验证现在的情况。这是圣人给我们的珍贵教导，不可不懂得这个道理。

【原文】

人言者，动也；己默者，静也。因其言，听其辞[①]。言有不合者，反而求之，其应必出[②]。言有象，事有比[③]。其有象比，以观其次[④]。象者象其事，比者比其辞也。以无形求有声[⑤]，其钓语合事，得人实也[⑥]。其犹张罝网而取兽也，多张其会而司之[⑦]。道合其事，彼自出之，此钓人之网也，常持其网驱之[⑧]。

【注释】

①“因”，根据、依靠。这两句意思是，根据对方的言辞，探寻对方的真实意图，这样得到的信息才是真实的。**陶弘景注：**“以静观动，则所见审；因言听辞，则所得明。”意思是，以

静观动，就能仔细地体察所看到的；游说时根据对方的言辞，就能明察所得的信息真实与否。

②“反”，反面、返回。“求”，探求。“应”，应和。**陶弘景注：**“谓言者或不合于理，未可即斥，但反而难之，使自求之，则契理之应，怡然自出也。”意思是，若对方的言辞与现实或者常理不相符合时，不要急于否定对方，而是要运用“反”的方式，使对方自己发现并改正其中的问题，从而达到与理相合。

③“象”，即象征、比喻。“比”，即比喻，类比。萧登福曰：“象，谓言谈时以某类事物来象征所要谈论的事物，使事理能更清晰。比，为推比，推理。”尹桐阳曰：“‘比’同‘仿’，相似也，与象义近。”二人之言可以参考。此句是说，在游说时，为了让对方更容易理解并接受自己的主张，可以通过象征、比喻、类比等手法让自己的言语更加通俗易懂。

④“次”，依据《说文解字》，其本义为次等，后又引申指至、及。此处即用了此义。这两句的意思是，“象比”只是一种游说的策略，其目的在于通过“象比”而获得言辞背后的真实意图。**陶弘景注：**“应理既出，故能言有象，事有比。前事既有象比，更当观其次，令得自尽。”意思是，根据所讲事理，选择合适的象、比方法，可以更深入地获知言辞背后的意图。

⑤**陶弘景注：**“理在玄微，故无形也。无言则不彰，故以

无形求有声。声即言也，比谓比类也。”依据陶弘景注，此句的意思是，运用象、比的手法，可以让深奥的理于无形中传达出来，从而获得对方的回应。

⑥“钓语”，诱导对方说出真实想法或情况的启发试探话语。俞樾注：“钓语，谓人所隐藏不出之言，以术钓而出之。”意思是，用诱导性的话语使对方说出实情或真实意图，这就像投饵钓鱼一样。**陶弘景注**：“得鱼在于投饵，得语在于发端。发端则语应，投饵则鱼来。故曰‘钓语’。语则事合，故曰‘合事’。明试在于敷言，故曰‘得人实’也。”意思是，要想获得鱼，就要投饵，要想获得对方的实情，就要在一开始用言辞诱导对方，这样就能获得对方的回应，就像投饵就能获得鱼一样，所以叫“钓语”。掌握对方的言辞，就能考察所谋之事彼此是否相合，所以叫“合事”。要考察对方，需要通过言辞，所以叫“得人实”。

⑦“张”，展开。“罝（jū）”，与“网”同义，《说文解字》：“罝，兔网也。”本义为捕兔的网，后泛指捕兽的网。“取”，捕捉。“会”，会聚，此处指野兽常出没的地方。“司”，通“伺”，侦察。此句俞樾注：“盖谓钓取人之言语，合之其人之行事而得其实，犹之乎张罝网而取兽也。”大意是说，要想弄清楚对方的真实意图或打算，就需要利用适当的手段去诱导对方，这就好像是张网捕兽一样。

⑧**陶弘景注**：“持钓人之网，驱令就职事也。”意思是，要时常以诱导性的话语去驱使对方行动。

【译文】

对方讲话，就是动；自己沉默不言，就是静。顺着对方的言辞，探寻其中所蕴含的真实想法。如果对方的言辞与己方想要得到的不相符合，就要通过一些方式反复寻求，对方一定会做出满足己方的回应。言语可以通过象征、比喻等方式使内容表达明白易懂，事情可以通过类比的方式显示其中的利弊。因此，游说时，常常可以通过“象”“比”的方式，来探寻对方言辞背后的真实想法。所谓“象”，便是用象征、比喻的方式来比喻事物，所谓“比”，就是以同类的事物来做类比。因为“象”“比”的方式都是不直说，因此能在无形之中得到对方的回应，进而了解到对方的实情。用“象”“比”的方式去引导对方说出实情，这就好像张开捕兽的网去捕野兽一样，只要在野兽经常出没的地方多设置一些网，静静侦察着，就一定能捕捉到野兽。如果能把这种方式恰当地运用到游说之中，对方就会暴露实情，这便是钓人实情的网。在游说中要经常拿着这张网去驱使对方入网。

【原文】

其不言无比，乃为之变①。以象动之，以报其心，见其情，随而牧之②。己反往，彼覆来，言有象比，因而定基③。重之袭之，反之覆之，万事不失其辞④。圣人所诱愚智，事皆不疑⑤。故善反听者，乃变鬼神以得其情⑥。其变当也，而牧之审也⑦。牧之不审，得情不明；得情不明，定基不审⑧。

【注释】

①这句话的意思是，如果对方沉默不言，或谈论的事情没有可以类比的，则要改变谈论的方式。**陶弘景注**：“或乖彼，遂不言无比，如此则为之变。变常易网，更有以象之者矣。”意思是，有时遇到与对方意见相反，或者对方沉默不言，一时没有恰当的类比信息时，就需要改变谈论的方式。

②“报”，回应、暗合。“牧”，牧养，引申为驾驭、掌握。这几句意思是，运用象征、比喻的方式打动对方，以此使对方显露出真实想法，了解对方的实情之后就可以驾驭他。**陶弘景注**：“此言其变也。报，犹合也。谓更开法象以动之。既合其心，则其情可见，因随其情而牧养之也。”意思是，既然能获知对方的内心，那么对方的真实意图也就可以得知，然后就能依随对方的意图而为之制定谋略，进而驾驭对方。

③“反往”“覆来”，指反复交谈、了解对方。“定基”，确定基本策略。这几句意思是，彼我双方反复地交谈，而且交谈时常常使用“象”“比”的方式，这样可以掌握对方的真实想法，由此可以确定为对方谋划的基本策略。所以，此处**陶弘景注**：“己反往以求彼，彼必覆来而就职，则奇策必申。故言有象比，则口无择言，故可以定邦家之基也。”意思是，游说时，双方能反复地进行交谈，那么就能制定出出奇制胜的谋略。所以说，言谈时能恰当使用“象”“比”手法，那所说的话皆符合道理无须选择，所以

能制定治理国家的基本策略。

④“重”“袭”“反”“覆”，都是重复、反复的意思。**陶弘景注：**“谓象比之言，既可以定基，然后重之袭之，反之覆之，皆谓再三详审，不容谬妄，故能万事允惬，无复失其辞也。”意思是，运用“象”“比”之言，确定为对方谋划的基本策略，然后再三推敲思虑，确保没有疏漏，做事才能万无一失。

⑤“诱”，诱导、引导。“愚智”，即笨拙的人和聪明的人，这里指所有的人。**陶弘景注：**“圣人诱愚则闭藏以知其诚，诱智则拨动以尽其情。咸得其实，故事皆不疑也。”意思是，圣人引导愚智，虽然方式不同，但都能获得对方实情。

⑥“反听”，从各方反复了解。“变鬼神”，萧登福曰：“谓如鬼神之善变。”“情”，实情。**陶弘景注：**“言善反听者，乃坐忘遗鉴，不思玄览，故能变鬼神以得其情，洞幽微而冥会。夫鬼神本密，今则不能，故曰变也。”意思是，善于反听的人，具有“坐忘遗鉴、不思玄览”的能力，能使用各种变幻莫测的手段，知悉对方内心隐秘的真实意图，从而与对方心灵相通。鬼神本是相当隐秘的，现在难以知悉，所以称之为“变”。

⑦“当”，适当、合理。“审”，详细、仔细。这两句意思是，如果变化的方式恰当，就能详尽地考察对方。

⑧**陶弘景注：**“情明在于审牧，故不审则不明；审基在于情明，故不明则不审。”意思是，要制定正确的策略，就要获

得对方的实情，而要获得实情，就要详细考察对方。

【译文】

如果对方沉默不言，或者谈论的内容没有恰当的类比信息时，就要变化谈论的方式。用象征、比喻的形象语言，打动对方，了解对方实情，从而更好地驾驭对方。彼我双方通过这样一来一往的反复交谈，并且交谈中常常使用“象”“比”的方式，己方就可以掌握对方的真实想法。由此，可以确定为对方谋划的基本策略。像这样反反复复、再三谋划，确保没有疏漏，做任何事情都能万无一失。圣人用反听之法引导愚人或智者时，虽然具体的方法不同，但最终都能获得对方的实情。所以，善于运用反听之术的人，其获得对方实情的方式可以像鬼神一样变幻莫测。因为方式只要变化恰当，就能详尽考察对方。不能详尽考察对方，就不能获得对方实情，不能获得对方实情，制定的策略就不周密。

【原文】

变象比，必有反辞，以还听之①。欲闻其声反默，欲张反敛，欲高反下，欲取反与②。欲开情者，象而比之，以牧其辞，同声相呼，实理同归③。

## 【注释】

①“反”，反应、回应。**陶弘景注**：“谓言者于象比有变，必有反辞以难之，令其有言，我乃还静以听之。”意思是，在同对方交流时，用“象”或用“比”，对方一定会有所疑难而回复，此时，我则静心听取对方的言论并从中获取实情。

②“默”，静默、不语。“敛”，收拢、聚集。另外，道藏本写作“睑”。“与”，给予。**陶弘景注**：“此言反听之道，有以诱致之。故欲闻彼声，我反静默；欲彼开张，我反睑敛；欲彼高大，我反卑下；欲彼收取，我反施与。如此则物情可致，无能自隐也。”陶弘景这几句是讲反听之道。想要听到对方的意见，我就沉默；想要对方坦诚，我反而闭合；对方自大，我反而退让；对方想要收取，我反施与。若能做到这样，那么就能了解事物的实情，使其无所隐藏。

③“开情”，坦诚相见。这五句的意思是，想要对方坦诚相见，就需要在同对方交谈时灵活使用“象”“比”的手法，双方言辞相同才会产生共鸣。**陶弘景注**：“欲开彼情，先设象比以动之；彼情既动，将欲生辞，徐徐牧养，令其自言。譬犹鹤鸣于阴，声同必应，故能实理相归也。”意思是，想要让对方坦诚相见，先用“象”“比”之法打动他，对方内心既被打动，就将要有所表达，我则徐徐引导，使其说出内心的真实想法。这就好像鹤虽在隐幽处鸣叫，其同类必会与之应和，所以声音相同才会彼此呼应，志向相同才能走到一起。

【译文】

在同对方交流中，不断根据实情变化使用“象”“比”之术，对方一定会有反应的言辞，然后自己再回过头来仔细听取。在同别人交流时，想要听到对方真实的声音，自己先要静默不语；想要对方开诚布公，自己反而先要收敛；想要赢得别人的尊重，自己反而要先谦卑；想要有所收获，反而要先给予对方好处。总之，想要对方敞开心扉，说出实情，就要综合使用“象”“比”之术，以便掌控对方的言辞。志趣、意见相同的人才能互相响应，最终自然地走到一起。

【原文】

或因此，或因彼，或以事上，或以牧下①。此听真伪，知同异，得其情诈也②。动作言默，与此出入，喜怒由此以见其式③，皆以先定为之法则④。以反求覆，观其所托，故用此者⑤。己欲平静以听其辞，察其事，论万物，别雄雌⑥。虽非其事，见微知类⑦。若探人而居其内，量其能，射其意，符应不失⑧，如螣蛇之所指，若羿之引矢⑨。

【注释】

①“事”，侍奉。**陶弘景注**：“谓所言之事，或因此发端，或因彼发端，其事有可以事上，可以牧下也。”意思是，和对方谈论时，反听之法的使用，或用在此处，或用在彼处，或者用来侍奉上级，或者用来管理下属。

②“情诈”，真诚与伪诈。这几句意思是，反听之法可以辨别对方的真伪，了解双方的异同，识别对方的真诚与伪诈。**陶弘景注**：“谓真伪、同异、情诈，因此上事而知也。”意思是，能够准确辨析对方的真伪，了解彼此志趣的异同，识别对方所谈事情的真诚与伪诈，凭此能够侍奉君主而无差错。

③“式”，规律。**陶弘景注**：“谓动作言默，莫不由情，与之出入。至于或喜或怒，亦由此情以见其式也。”意思是，对方的举止言谈，乃至喜怒，皆是其内心实情的表现，因此可以通过反听之术掌握。

④“先定”，先做好准备。**陶弘景注**：“谓上六者，皆以先定于情，然后法则可为。”意思是，上述六种情况，都需要先确定其真实情况，然后做出的规则对方才可依照去做。

⑤“托”，指对方言辞中所寄托的实情。**陶弘景注**：“反于彼者，所以求覆于此。因以观彼情之所托，此谓信也。”意思是，通过反复地言辞试探，然后观察对方言辞中所寄托的真实意图。

⑥“雌雄”，比喻好坏、胜负、强弱、高下。这几句意思是，在运用反听之法同对方交谈时，自己要平心静气地倾听对方的言辞，察明真伪，评论万物，分别优劣。**陶弘景注**：“谓听言之道，先自平静，既得其辞，然后察其事，或论序万物，或分别雄雌也。”意思是，听取对方的言辞时，自己要先做到内心平静。在掌握对方的言辞真伪之后，再与对

方进行交谈，即可自由谈论其欲行之事的成败，或者评述万物的贵贱，或者甄别计谋的优劣。

⑦**陶弘景注**：“谓所言之事，虽非时要，然观此可以知彼（道藏本作“微”），故曰见微知类也。”意思是，和对方所谈论的虽然并非重要的事情，但仍然可以从所谈论的细枝末节来推断同类事物的实质以及发展趋势等。

⑧“探”，探测。“内”，内心。“射”，猜度。“符”，《说文解字》：“符，信也。”古代朝廷传达命令或者调兵遣将的凭证。双方各执一半，以验真伪。**陶弘景注**：“闻其言则可知其情，故若探人而居其内，则情原必尽。故量能射意，万无一失，若合符契。”意思是，通过对方言辞即可获知对方的真实意图，所以能从内心去探察对方的意图，那么必定能完全掌握对方真实意图。所以通过这种方式去衡量他的才能，猜测他的意图，就能像符契一样相合而没有丝毫差错。

⑨“螣（téng）蛇”，传说是一种能驾云雾而飞的蛇，古代术士常以其占卜祸福。“羿”，后羿，神话中的擅射英雄。**陶弘景注**：“螣蛇所指，祸福不差。羿之引矢命处辄中。听言察情，不异于此，故以相况也。”意思是，通过对方言辞去探测其实情，就如同螣蛇所预示的祸福，绝不会有差错；如同后羿只要拉弓射箭，就一定能命中目标一样。

【译文】

在同别人谈论时，反听之法的运用，或用在此处，或用在彼处。反听之法可以用来侍奉上级，也可以用来管理下属。这种方法能够有效地辨别对方言辞中的真伪，了解彼我双方的异同，甄别对方的真诚与伪诈。对方的举动言谈、内心的喜怒都可以通过反听之法观察到。以上这些，都是需要在谋划之前确定法则，而不能掉以轻心。用反复之法能获得对方的回复，并可以据此观察到对方言辞中所寄托的真实意图。所以使用这种方法时，自己先要平心静气，听取对方的言辞，考察他所说事情的真伪，并同他评论万事万物、分辨优劣。在谈论中，即使对方所讲的不是自己当前需要了解的事，也可以凭借言辞中的细微征兆推知同类事物的情况和发展趋势。深入别人的内心去探测别人，衡量他的才能，猜测他的意图，就能像符契一样相合而没有丝毫差错。这也像螣蛇所卜祸福不差分毫，又像后羿拉弓射箭必定百发百中。

【原文】

故知之始己，自知而后知人也[①]。其相知也，若比目之鱼[②]；其见形也，若光之与影。其察言也不失，若磁石之取针，如舌之取燔骨[③]。其与人也微，其见情也疾[④]。如阴与阳，如圆与方[⑤]。未见形，圆以道之；既见形，方以事之[⑥]。进退左右，以是司之[⑦]。己不先定，牧人不正。事用不巧，是谓忘情失道[⑧]。己审先定以牧人，策而无形容，莫见其门，是谓天神[9]。

【注释】

①“始己”，始于自己，即从自己开始。这两句意思是，先了解自己，才能更好地了解别人。**陶弘景注：**“知人者智，自知者明。智从明生，明能生智。故欲知人，先须自知也。”意思是，能了解他人的人可以算作是聪明的，而能了解自己的人才是真的明智。所以想要了解别人，必须先了解自己。

②“相知”，相互了解。比目鱼，旧说此鱼一目，须两两相并方能游行，故古代常用以比喻形影不离的情侣或朋友。《尔雅·释地》：“东方有比目鱼焉，不比不行。”

③“燔”（fán），烤、炙，泛指烤肉。“燔骨”，本指炙肉中的骨头，此句比喻轻而易举。

④“微”，少。“见”，后写作“现”，发现。“疾”，迅速。这两句意思是，在有自知之后，己方给对方少，而获得对方回报多且迅速。

⑤这句话的意思是，自知之后，在游说时能像阴与阳那样无声地作用于万物，像用规和矩画圆与方一样遵循某些规则。

⑥“圆”，指圆融灵活的方法。“道”，通“导”，引导。“方”，按规矩行事。这几句意思是，对方没有显露实情，则利用一些方式使之显露出来；如果实情已经确定，就

按已经制定的策略去行事。**陶弘景注**：“谓臣向晦入息，未见之时，君当以圆道之，亦既出潜离隐，见形之后，即以才职任之。”此注是从君主任用人才的角度来解释，可参考。

⑦这句话的意思是，在知悉对方的实情之后，使之或进或退，或左或右，都可从容自如。**陶弘景注**：“此言用臣之道，或升进，或黜退，或贬左，或崇右，一准上圆方之理。故曰以是司之。”意思是，君主在知悉臣子的实情之后，或者晋升其官位，或者罢黜对方，或者贬迁对方，或者尊崇对方，都符合自然之道，所以叫作“以是司之”。

⑧“不巧”，不合时机，这里指行事仓促。“忘情”，遗忘真实情况。“失道”，偏离了正道。**陶弘景注**：“用事不巧，则操末续颠，圆凿方枘（ruì，榫头），情道两失，故曰忘情失道也。”意思是，行事仓促，就会遗忘真实情况，偏离正道，就像用尾部去延续开头，或圆孔不能纳方榫（sǔn）一样，两者不能相合，所以叫作“忘情失道”。

⑨“形容”，形状和容貌。“天神”，指最高境界。这几句再次强调自己预先审定对方实情的重要性，因为只有这样做之后，制定的策略才没有任何纰漏，这是谋略的最高境界。**陶弘景注**：“已能审定，以之牧人。至德潜畅，玄风远扇，非形非容，无门无户。见形而不及道，日用而不知。故谓之天神也。”意思是，自己若能预先审定对方的实情，并以此掌控对方。盛德的通畅，教化的远播，不需要具体的形貌，也没有任何限制。一般人虽见其形而不知其符合天道，

每天都在使用却不懂得其中的道理，所以称为“天神”。陶弘景此处从魏晋玄学的角度来阐释此句，或不符合原意。

【译文】

所以知人先须知己，只有真的了解自己才能更好地了解别人。游说双方的相互了解，就像比目鱼一样形影不离；对方表现出实情，能像光生而影现一样，己方能立即把握。了解自己的人，在审察对方言辞时就不会产生失误，就好像用磁石去吸取铁针，用舌头从烤熟的肉中剔出骨头一样轻松。在有自知之后，己方给对方少，但是获得对方实情很多且迅速。无论用于“阴”还是“阳”的情况，“圆”或“方”的事物，都可以随心所欲。如果对方未显露其实情，则以灵活的方式引导对方表现出来；如果已经掌握了对方的实情，则按照已经设定好的策略去行事，无论令其进退或左右，都要坚守上述的方法。自己不能先确定对方的实情，就不能很好地驾驭对方，那么行事也会因仓促而失败，这便叫作“忘情失道”。自己先审察对方实情并制定好相应的策略，再去驾驭对方，对方就看不到自己策略的丝毫破绽，这样的谋略才能达到自然神妙的境界，可以称为“天神”。

# 内揵第三

## 题 解

"内"指内心世界。"揵"（jiàn）通"楗"，门闩。萧登福说："'揵'通'楗'，'揵'，即古代用以关门之木，引申为关闭、结合。'内'在本文中的意思是，以言辞内结于君。""内揵"的字面意思是从内心深处锁住。而本篇"内揵"作为纵横家的一种游说之术，其含义是：游说之士在游说君主时，要深入了解君主内心深处真实想法，赢得君主的信任，使双方的关系像锁钥一样亲密无间。陶弘景注："揵者，持之令固也。言君臣之际，上下之交，必内情相得，然后结固而不离。"意思是，揵，就是指牢固地把握的意思。鬼谷子这里是说，君臣或上下之间若能做到心意相通，彼此的关系才能牢不可破。俞樾说："此篇名《内揵》。楗即键也。《周官》：'司门掌授管键。'司农注曰：'管谓钥也，键谓牡。'然则内揵者，谓纳键于管中。"俞樾的意思是说，"楗"即"键"，"内揵"就是从内部打开。本篇是一篇如何进行游说和策谋的专论，其主要内容由"内揵"

的方法与原则两部分组成。

首先，关于“内揵”的方法，主要讲到由于君臣上下关系复杂微妙，而且君主的内心常难以窥测，所以在游说中若要取得君主的信任，就需要使用“内揵”的方法。所谓“内揵”，文中解释说：“内者，进说辞也；揵者，揵所谋也。”

其次，关于“内揵”的原则，主要包括：一要“得其情”，即要懂得君主的真实意图。“不见其类而为之者，逆；不得其情而说之者，非。得其情，乃制其术。”二要合其时，即在游说时要选准时机，且在实施过程中，根据情况的变化而灵活变化。“方来应时，以合其谋。详思来揵，往应时当也。”“乃揣切时宜，从便所为。”三要知进退。“上暗不治，下乱不寤，揵而反之。”“环转因化，莫知所为，退为大义。”

本篇所提出的这些方式与原则，不仅对纵横家的实践有很大的指导意义，即便在社会关系复杂的今天，对建立和谐的人际关系依然有着积极的借鉴意义。

【原文】

君臣上下之事，有远而亲，近而疏[①]，就之不用，去之反求[②]。日进前而不御，遥闻声而相思[③]。事皆有内揵，素结本始[④]。或结以道德，或结以党友，或结以财货，或结以采色[⑤]。用其意，欲入则入，欲出则出；欲亲则亲，欲疏则疏；欲就则就，欲去则去；欲求则求，欲思则思[⑥]。若蚨母之从其子也，出无间，入无朕，独往独来，莫之能止[⑦]。

【注释】

①这句话的意思是，君臣上下之间的关系比较微妙，有的彼此实际距离虽远，但关系亲密；有的实际距离虽近，而关系却疏远。**陶弘景注：**“道合则远而近，情乖则近而疏。”意思是，决定君臣、上下关系亲近疏远的关键在于，彼此是否志同道合。

②“就”，靠近、就近。“之”，第三人称代词，这里代指“君”。“用”，任用。“去”，离开。“求”，寻求、征召。**陶弘景注：**“非其意则就之而不用，顺其事则去之而反求。”意思是，不符合对方的心意，即使靠近对方也不会被任用；能顺从对方心意，即使离开也会被再次征召。

③“日”，每天。“御”，使用、任用。**陶弘景注：**“分违则日进前而不御，理契则遥闻声而相思。”意思是，君臣、上下彼此若志向不同，则虽每日在面前也不会得到任用，而若志投意合，则虽相隔天涯，但听其名声也会朝思暮想。

④“素”，向来。“本始”，根本、本原。这两句意思是，以上得到君主任用的情况，都是因为游说者一向注意了解掌握国君内心的真实意图，获得国君的信任。**陶弘景注：**“言或有远而相亲，去之反求，闻声而思者，皆由内合相持，素结其始。故曰皆有内揵，素结本始也。”意思是，有的

人之间相距遥远，却能彼此亲近，有的人离开了仍能获得再次征召，有的人只是听到其名声就会思念对方，这一切都是因为彼此内心契合，平时就注意彼此、了解彼此内心的真实意图。

⑤“或”，有的、有的人。“党友”，即志同道合的朋友。“财货”，指金钱、宝货。这里是说如臣下向君主进献珍宝玩好，君主则赏赐臣下金钱爵禄。“采色”，本指绚丽的颜色，这里指满足耳目视听之好的美女、音乐、歌舞等。**陶弘景注：**“结以道德，谓以道德结连于君。若帝之臣，名为臣，其实为师也。结以党友，谓以友道结连于君。王者之臣，名为臣，其实为友也。结以货财，结以采色，谓若桀（jié）纣（zhòu）之臣，费仲、恶来之类是也。”此句中，陶弘景提到的费仲、恶来，皆是商纣王时的奸佞之臣。《史记·殷本纪》记载：“费中善谀（yú），好利，殷人弗亲。纣又用恶来。恶来善毁谗，诸侯以此益疏。”纣王任用善于谄媚、贪图财利的费仲管理国家政事，导致殷人不来亲近纣王。后来，纣王又重用善于毁谤他人的恶来，最终诸侯也都与商王室越来越疏远了。

⑥这九句可以说是“内揵”的具体方法。**陶弘景注：**“自入出以下八事，皆用臣之意，随其所欲，故能固志于君，物莫能间也。”意思是，君主在使用人才时，能随其所好而任用，就可以让对方坚定地跟随君主，也就没有谁能离间两者的关系。

⑦“蚨（fú）母”，昆虫名，又名“青蚨”。传说将青蚨

母子的血各涂抹在钱上，涂有母血的钱或涂有子血的钱在被使用后会飞回来，因此有“青蚨还钱”之说。《太平御览》卷九五〇引汉刘安《淮南万毕术》：“青蚨一名鱼，或曰蒲，以其子母各等，置瓮中，埋东行阴垣下，三日后开之，即相从。以母血涂八十一钱，亦以子血涂八十一钱，以其钱更互市，置子用母，置母用子，钱皆自还。”“朕”，预兆、迹象。这五句用“蚨母之从子”比喻君臣关系牢不可破。**陶弘景注：**“蚨母，螲蛸（dié dāng）也，似蜘蛛。在穴中，有盖。言蚨母养子，以盖覆穴，出入往来，初无间朕，故物不能止之。今内揵之臣，委曲从君以自结固，无有间隙，亦由是也。”此处，陶说“蚨母”为“螲蛸”不正确。陶弘景注的意思是，君臣若能从内心真诚结合，那么彼此之间就没有间隙，这就像蚨母养子，用盖子覆盖在巢穴上，可以自由出入，没有什么能阻止。

## 【译文】

君臣、上下的关系是难以预测的。有的彼此距离虽然遥远，但关系很亲近；有的彼此间虽近在咫尺，关系却很疏远；有的主动靠近君主，反而不被任用；有的虽远离君主而去，反而被君主召回重用。有的人每天都在君主面前，也得不到任用，有的人只是远远听到他的名声，君主却朝思暮想地要重用他。所有这些都与平时是否能把握君主内心的真实意图，是否能获得君主的信任密切相关。有的人依靠高尚的德行结交君主，有的人因志趣相投同君主成为朋友，有的人依靠珍宝财物巴结君主，有的人利用美色取悦君主。总之，能够把握对方的真实意图，并顺其所图，那么你就能想进就进，想出就出；想亲近就亲近，想疏远就疏远；想靠近就靠近，想离开就离开；想得到征召就能得到征召，想让君主思念，就能让君主思念。这就好像青蚨母子不可分离一样，出入无迹，往来自由，没有谁可以阻止。

【原文】

内者，进说辞也；揵者，揵所谋也[①]。欲说者，务隐度[②]；计事者，务循顺[③]。阴虑可否，明言得失，以御其志[④]。方来应时，以合其谋[⑤]。详思来揵，往应时当也[⑥]。

【注释】

①这句话的意思是，用言辞结交君主，以可行的计策获得君主的信任。**陶弘景注**：“说辞既进，内结于君，故曰内者进说辞也；度情为谋，君必持而不舍，故曰揵者揵所谋也。”意思是，“内者”就是通过言辞与君主结交；“揵者”就是通过揣测君主的真实意图，然后为之做出谋划，这样君主必定持而不舍。

②“隐度”，思量、忖度。这两句意思是，想游说时，一定要思量、忖度君主的内心，然后投其所好，则必能有所收获。

③“计事”，计议大事、谋划，策划。“循顺”，依靠，顺着。**陶弘景注：**“计而循顺，则其计必用。”意思是，为君主谋划时，要顺着君主的意愿去谋划。

④“阴虑”，暗中思虑。“明言”，明白地说出来。“御”，念“yà”，迎合、迎接。**陶弘景注：**“谓隐虑可否，然后明言得失，以御君志也。”意思是，在游说时，要先对事情能否成功思虑清楚，然后公开讲出所行事情的得失，以迎合君主的意志。

⑤“方”，方略、计谋。“应时”，顺应时势。这两句意思是，进献计谋要顺应时势，要与君主的谋划相吻合。

⑥**陶弘景注：**“详思，计虑来进于君，可以自固；然后往应时宜，必当君心也。”意思是，游说时，必先自己思虑周密，然后回应君主，与君主建立起牢固的信任，则没有不当。

## 【译文】

所谓“内”，就是通过进献言辞而结交君主；所谓“揵”，就是通过进献可行的计谋而获得君主的信任。游说君主时，必须先暗自揣测君主内心的真实想法；向君主进献计谋时，必须顺着君主的意愿。在游说时，自己要先暗中对影响事情能否成功的各种因素考虑清楚，然后再对君主明白地讲清楚事情的各方得失，以此来迎合君主的意愿。同时，进献计谋要审时度势，选准时机，以与君主的谋虑相吻合。总之，游说时，必须经过详细周密的思虑，然后回应君主，那么谋划的事就没有什么不当的了。

【原文】

夫内有不合者，不可施行也[①]。乃揣切时宜，从便所为，以求其变[②]。以变求内者，若管取揵[③]。言往者，先顺辞也；说来者，以变言也[④]。善变者，审知地势，乃通于天，以化四时；使鬼神，合于阴阳，而牧人民[⑤]。见其谋事，知其志意。事有不合者，有所未知也。合而不结者，阳亲而阴疏[⑥]。事有不合者，圣人不为谋也。

【注释】

①“夫”，句首语气词。“内”，在此既指言辞，也可指计谋。这两句意思是，如果进献的言辞或计谋与君主内心的真实意图不相符合，那么这些言辞或计谋就不能付诸行动。**陶弘景注：**“计虑不合于君，则不可施行也。”意思是，制定的计谋若与君主内心所想不相合，就不能得到施行。

②“揣切”，揣量、切摩。**陶弘景注：**“前计既有不合，乃更揣量切摩当时所为之便，以求所以变计也。”意思是，如果计谋与君主的不相符合，就要根据实际情况，选择合适的时机，从有利于君主的角度出发，及时调整计谋。

③“管”，钥匙。**陶弘景注：**“以管取揵，揵必离；以变求内，内必合。”意思是，用正确的钥匙去开锁，锁必能打开；根据实际变化而制定相应的谋略，则必能获得君主

的信任。

④**陶弘景注：**“往事已著，故言之贵顺辞；来事未形，故说之贵通变也。”意思是，游说时，对已经发生的事情，要采用顺从君主的言辞，而对未发生的事情，要变通留有余地。

⑤此七句讲善变的重要。善变者可以明天意、役鬼神、牧人民。**陶弘景注：**“善变者，谓善识通变之理，审知地势，则天道可知，故曰乃通于天。知天则四时顺理而从化，故曰以化四时。鬼神者，助阴阳以生物者也。道通天地，乃能使鬼神，合德于阴阳也。既能知地通天，化四时，合阴阳，乃可以牧养人民。”意思是，善变者是指能懂得变通之理，他们审察地势变化则知天道。知天道则能知四时变化。鬼神是能助阴阳以生养万物的。所以知地通天，化四时，合阴阳，才能够驱使人民。

⑥“阳”，指表面上。“阴”，指背地里、暗自。这两句意思是，游说时，如未能真的了解君主的实际意图，那么君主表面上应和我方决策，但内心并不信任、执行我方决策，表面上亲近，暗地里却很疏远。

## 【译文】

游说时，如果自己的言辞或计谋与君主的真实意图不相符合，那么这些言辞或计谋就不能施行。于是，就需要揣摩君主的意图，然后选择合适的时机，改变策略，以取得君主的信任。如果能做到以灵活变通的方式取得君主的信任，那么达到目的就像用钥匙打开锁一样容易。在游说时，涉及已经发生的事，要使用顺从的言辞去表达；对还未发生的事情，言辞要变通并留有余地，以免最后事情与己说不合时，而丧失君主的信任。善于变化的人，能知悉各国地势、精通天文四时的变化，能役使鬼神，与阴阳之道相合，能轻松地驱使人民。在游说时，他能通过君主做事的措施策略，而了解君主真实的想法和意图。总之，在游说时，如果自己的言辞或计谋与君主不能相吻合，那是因为对君主的了解还不够。如果对君主了解不够，就主动去迎合他，是不能真的取得君主的信任的，即使表面上你们很亲近，暗地里也依然疏远。所以，不合于君主之意的事，就是圣人也不会谋划的。

**【原文】**

故远而亲者，有阴德①也；近而疏者，志不合也。就而不用者，策不得也；去而反求者，事中来也②。日进前而不御者，施不合也；遥闻声而相思者，合于谋待决事也③。故曰：不见其类而为之者，见逆，不得其情而说之者，见非④。得其情，乃制其术⑤。此用可出可入，可揵可开。故圣人立事，以此先知而揵万物⑥。

**【注释】**

**①陶弘景注：**“阴德谓阴私相得之德也。”意思是，“阴德”是指君臣内心暗自相合。

②**陶弘景注**："谓所言当时未合，事过始验，故曰事中来也。"意思是，亲近时不被重用，是因为对事情的谋划不被国君所接受；离开之后反而获得征召，是因为其预测之事后来得到了应验。

③"施"，措施、建议。此四句是回应前文"日进前而不御，遥闻声而相思"。**陶弘景注**："谓彼所行合于己谋，待之以决其事，故遥闻声而相思也。"意思是，君主的行事与自己的谋划暗相符合，就会得到君主认可，君主就会等着你去决断大事。

④"类"，事理。"见逆"，被排斥、被拒绝。"见非"，被否定。两个"见"皆表示被动。**陶弘景注**："言不得其情类而为说者，若北辕适楚，陈轸游秦，所以见非逆也。"意思是，若不能掌握对方实情而游说，必定像要到南方的楚国却驾车北行，像陈轸游说秦王而不得一样。

⑤"情"，实情。"制"，制定。"术"，谋略、主张。**陶弘景注**："得其情则鸿遇长风，鱼纵大壑，沛然莫之能御，故能制其术也。"意思是，游说时能获得对方的实情，就像大雁遇到大风，鱼游于大河，没有什么能限制住它们，所以能制定出可以施行的谋略。

⑥"揵万物"，控制万物。**陶弘景注**："言以得情立事，故能先知可否。万品所以结固而不离者，皆由得情也。"意思是，先获得对方的实情，然后再去谋划行事，所以能知此事可否成功。万事万物之所以能内结于心而不背离，就是因

为获得了对方的实情。

【译文】

所以，那些与君主之间现实距离远，反而得到君主亲近信任的人，是因为他们与君主的心意能暗中相通；那些与君主现实距离近反而被疏远的人，是因为他们与君主之间志意不能契合。主动亲近反而不被任用的，是因为他的策略谋划不恰当；离开之后反而被君主征召的，是因为他预测的事后来得到了验证。每天在君主面前却不受欢迎的人，一定是他的建议措施不合君主之意；君主远远听到他的声名就朝思暮想要得到的人，一定是他的计谋与君主相合，君主期待他来决策大事。所以说，如果不能找到双方的共同点而仓促行事，就一定会遭到拒绝排斥；如果不能获得对方的实情而去游说，就一定会被人否定。所以得到对方的实情才能制定出有效的策略。采用这种方式就可以自由出入朝堂，可以打开君主的心扉，获得君主的信任。因此圣人能建立功业，就是在知悉实际情况的基础上预知可否，从而驾驭万物。

【原文】

由夫道德、仁义、礼乐、忠信、计谋[①]。先取《诗》《书》，混说损益，议论去就[②]。欲合者用内，欲去者用外[③]。外内者，必明道数。揣策来事，见疑决之[④]。策无失计，立功建德[⑤]。

【注释】

①“由”，遵从。**陶弘景注：**“由夫得情，故能行其道德仁义以下事也。”意思是，在获得对方的实情之后，游说时还需要遵循道德、仁义、礼乐、忠信等基本准则。

②“《诗》《书》”，分别指《诗经》和《尚书》。春秋战国时，人们在外交场合往往会引用《诗经》《尚书》中的内容作为例证。“混”，混杂。“损益”，此处有斟酌的含义。“去就”，离去或接近。**陶弘景注：**“混，同也。谓先考《诗》《书》之言，以同己说。然后损益时事，议论去就也。”意思是，在游说时，往往需要引用《诗经》《尚书》中的句子来表达自己的意思，然后根据实际情况决定是去是留。

③这句话的意思是，若要与君主相合，就要从其内心打动他，如想要离开，就不用去迎合君主的内心了。**陶弘景注：**“内谓情内，外谓情外。得情自合，失情自去，此盖理之常也。”意思是，内指获得对方内心实情，外指对方外在的表现。能获得实情就能内心相合，不能获得实情就离去，这是常理。

④“道数”，法则、规律。这几句意思是，无论采取哪种方式，都必须符合与君主相处的基本准则，这样才可以推测计划未来的事情，发现疑难的事才可以迅速决断。**陶弘景注：**“言善知内外者，必明识道术之数，预揣来事，见疑能决也。”意思是，善于运用或内或外方式的人，一定懂得与君主相处的基本准则，也能够预测事情的发展走向，遇到疑难

问题也能做出正确决断。

⑤“失计”，谋划错误，失算。**陶弘景注：**“既能明道数，故策无失计。策无失计，乃立功建德也。”意思是，能懂得与君主相处的基本准则，那么制定的策略就不会有失误，没有失误就能建功立业。

## 【译文】

在游说时，还需要遵循道德、仁义、礼乐、忠信、计谋等基本准则。同时，从《诗经》《尚书》中引取恰当的语句，并在其中夹杂自己的言辞，根据所需或增或减，来议论当前的情况，然后决定自己是去是留。如果决定辅佐君主，就要从内心打动君主以获得他的信任；如果想要离开，就不必去迎合君主。但是，无论选择“外”还是“内”，都必须符合与君主相处的基本准则，这样才能准确揣测计划未来的事情，遇到疑难之处也才能迅速决断。策略没有失误，就能建立功业。

## 【原文】

治名入产业，曰揵而内合[①]。上暗不治，下乱不寤，揵而反之[②]。内自得而外不留，说而飞之[③]。若命自来，己迎而御之[④]。若欲去之，因危与之[⑤]。环转因化，莫知所为，退为大仪[⑥]。

【注释】

①“治名”，辨析名分，即确定君臣的职责。《论语·子路》：“名不正，则言不顺；言不顺，则事不成。”可作为参考。“入产业”，治理民众，使之能安居乐业。**陶弘景注：**“理君臣之名，使上下有序；入贡赋之业，使远近无差。上下有序则职分明；远近无差则徭役简。如此则为国之基日固。故曰揵而内合也。”意思是，策士能帮助君主整顿朝纲，明确君臣职责，又能助其管理好百姓，使之能安居乐业，这样与君主结交便能取得君主的信任。

②“上”指君主。“暗”，昏庸、愚昧。“下”，指臣子。“寤”（wù），醒悟、觉醒。“揵”，通“楗”，本意为门闩，这里有坚守、承担之意。**陶弘景注：**“上暗不治其任，下乱不寤其萌。如此天下无邦，域中旷主。兼昧者，可行其事；侮亡者，由是而兴，故曰揵而反之。”意思是，君主昏庸，不能承担治理国家的责任，臣子作乱而君主不能醒悟察觉，如果这样，国家将不复存在，天下也将没有君主。愚昧无知的人大行其事，侵侮者也由此产生。面对这种情况，策士要懂得退而自保，再为其服务。

③“自得”，自鸣得意。“飞”，这里指假装称赞。**陶弘景注：**“言自贤之主，自以所行为得，而外不留贤者之说。如此者，则为作声誉而飞扬之，以钓其欢心也。”意思是，对那些自以为是而不能留意贤人之说的君主，我们只能先假意颂扬他，以钓取他的欢心，观察他的变化。

④“命”，命令。“迎”，指接受。“御”，指侍奉。**陶弘景注**：“君心既善，已必自有命来。召己则迎而御之，以行其志也。”意思是，如果君主主动征召自己，自己就要接受并侍奉君主，辅助君主并施行自己的志愿。

⑤“危”，尹桐阳则说：“危与，高举也。高举，谓不仕。”这个说法不正确。俞樾说：“危，读为‘诡’。古字‘诡’与‘危’通。”俞认为“危”通“诡”，即欺诈。此说可作为参考。

⑥“环转”，循环、旋转。“因”，顺应。“大仪”，大法、基本法则。**陶弘景注**：“去就之际，反复量宜，如圆环之转，因彼变化。虽优者莫知其所为，如是而退，可谓全身大仪。仪者，法也。”意思是，或去或留，要反复思量，像圆环一样随时根据现实情况的变化而变化，即使最聪明的人也不能知道自己的具体行动，做到这样，可以说是懂得全身而退的基本法则了。

## 【译文】

游说之士既能帮助君主整顿朝纲，明确君臣之间的职分，又能帮助其治理民众，使之安居乐业，这就叫作“揵而内合”。如果遇到君主昏庸不理政事，臣子胡乱行事而不觉悟，那就要考虑隐退而不为之谋划；如果遇到自鸣得意、不能虚心接受别人建议的君主，就要对其假意恭维赞美，以钓取其欢心，然后观察其是否有变化，再采取相应的行动。如果君主主动来征召自己，便接受任命，尽心辅佐君主，并在其中实现自己的志愿。如果自己想要隐退，离开君主，就对外伪称要是自己留在其身边，将会给他带来危险。总而言之，在游说时，或去或留，要做到像圆环一样灵活变动，依据实际情况随时变化，任凭谁都不清楚自己真实的想法。要能做到这样，就可以说是懂得全身而退的根本法则了。

# 抵巇第四

## 题 解

“抵”，堵塞、弥补。尹桐阳曰：“‘抵’字当同‘坻’，堵塞之谓。”“巇（xī）”，缝隙、裂缝。“抵巇”从字面讲就是堵塞或弥补缝隙。陶弘景注：“抵，击实也。巇，衅隙也。墙崩因隙，器坏因衅，方其衅隙而击实之，则墙器不败。若不可救，因而除之，更有所营置，人事亦犹是也。”意思是，墙壁有了缝隙就有可能会崩塌，器皿有了裂纹就有可能破碎。应该在其缝隙刚产生时就想办法弥补，这样墙壁、器具才不会愈加崩坏。但是如果真的到了不可补救的时候，就要趁机除去，加以更换，以免带来更大的损失，人事也是如此。陶弘景的注释应是基本符合《鬼谷子》的原意的。萧登福也说：“抵巇篇即在教我们如何去弥缝事情的缝隙，使事情免于溃败。”

本篇认为事物之间总是有缝隙的，如果不能及时察觉，加以防备和弥补，就有可能酿成不可挽回的灾难。全篇可以划分为两层：第一层讲万事万物在生成与发展过程中，不可避免地会产生罅隙。“巇者，罅（xià）也；罅者，峒也；峒者，成大隙也。”因此，必须在缝隙尚小的时候加以弥补，否则就会发展成大的裂缝，最终土崩瓦解，不可挽救。即所谓“经起秋毫之末，挥之于太山之本”。第二层讲面对复杂的社会生活，抵巇之术要灵活地使用。所谓“世可治则抵而塞之，不可治则抵而得之”，即是说当一个社会出现了某些问题时，策士要运用自己灵敏的社会洞察力，去发现这些问题，并针对此提出相应的解决措施。而当一个社会已经陷入深重的社会危机，漏洞百出无法弥补时，策士可以采取一些方式彻底瓦解这个社会，尔后建立新的秩序。本篇还列举了从上古的五帝、三王，到当代诸侯的历史事件，以证明自己的“抵而塞之”或“抵而得之”的观点。

本篇是《鬼谷子》中最有特色的一篇，也是受正统思想攻击最厉害的一篇。作者不是站在最高统治者的立场来看待并处理社会矛盾，而是站在一种比较公正的立场来对待并处理社会矛盾。他的这种“可治则抵而塞之，不可治则抵而得之”的观点，把当时的民本思想推向了极致。但这种思想，也只可能在春秋战国时期才有产生和宣传的空间。从秦始皇建立高度的中央集权王朝之后的历朝历代，都把这种“不可治则抵而得之”的思想当作洪水猛兽加以批判或歪曲。所以，到了唐朝，“抵巇”又被曲解为“钻营”的含义。唐韩愈《释言》云：“不能奔走，乘机抵巇，以要权利。”明代宋濂评价《鬼谷子》：“小夫蛇鼠之智，家用之则家亡，国用之则国债，天下用之则天下失。”

【原文】

物有自然，事有合离[①]。有近而不可见，有远而可知。近而不可见者，不察其辞也；远而可知者，反往以验来也[②]。巇者，罅也。罅者，峒也。峒者，成大隙也[③]。巇始有朕[④]，可抵而塞，可抵而却，可抵而息，可抵而匿，可抵而得[⑤]。此谓抵巇之理也。

【注释】

①“自然”，天然、非人为的。“合离”，聚合与分离。这两句意思是，世间万事万物的离合，皆有其自身的规律，非人力所能为。

②“反”通“返”。“往”，过去。“来”，未来。这几句意思是，近在眼前却看不到，是因为没有仔细考察对方的言辞；远在天边却了解得很清楚，是因为善于反顾历史、总结经验，以预测未来。**陶弘景注**：“察辞观行则近情可见；反往验来则远事可知。古犹今也。故反考往古则可验来今。故曰反往以验来也。”意思是，通过考察对方的言辞，观察其真实意图，那么就可以了解实际情况；返回过去，预测将来，则未来的事可以预知。古犹今，所以返回考察过去的事情，则可以预知未来的事情，所以叫“反往以验来也”。

③“罅”，《说文解字》：“罅，裂也。”其本义指陶器

开裂，后泛指裂缝、缝隙。“巇”，同“间”，缝隙，这里指中等缝隙。这几句意思是，事物的崩坏都是从小处开始的，若不能及时补救，终会导致崩毁。

④“眹（zhèn）”，通“朕”，征兆、迹象。**陶弘景注：**“眹者，隙之将兆，谓其微也。”意思是，眹就是缝隙将要产生的征兆。闵如霖说：“事起必有眹，其始之微，如一隙之可抵而塞也。细微不谨，至于不为力难矣。”意思是，事情的发生必有征兆，开始是微小的，如果是小的缝隙，尚可以补救。如果最初没发现细微之处的错误，那么最终会导致即使花大力气也难以弥补的大错误。

⑤“塞”，堵塞。“却”，退却。“息”，止息、平息。“匿”，隐藏。“得”，取得、取代。**陶弘景注：**“自中成隙者，可抵而塞；自外来者，可抵而却；自下生者，可抵而息；其萌微者，可抵而匿；都不可捄（同“救”）者，可抵而得。”意思是，从内部产生的缝隙可以及早弥补堵塞，从外部产生的可使之退却；从下面产生的可以使之平息，刚刚萌发的可弥补隐藏。以上都不能补救的情况下就可取而代之。

## 【译文】

世间万事万物都有本身的发展规则，有时彼此相聚，有时又相背离，这都不受人的控制。有的事情发生在眼前却看不见，有的事远在天边却了解得很清楚。近在眼前却看不见，是因为没能仔细考察对方的言辞，远在天边却了解得很清楚，是因为能够借鉴过去已经发生的事，来证明当前或预测未来将要发生的事情。“巇”就是小裂缝。小的裂缝不加以补救，就会发展成中等裂缝，最终变成无法弥补的大裂缝，而导致事情崩坏。事物开始产生裂缝时，都会有一定的征兆，要留心观察，并及时采取相应的措施去弥补或消除。裂缝刚开始的时候，或者堵塞，或者排除，或者使事故平息，或者使事故消失。但是当裂缝已经到了无法挽救的程度，就需要用新的事物取代它。这就是“抵巇”的道理。

## 【原文】

事之危也，圣人知之，独保其身[①]。因化说事，通达计谋，以识细微[②]。经起秋毫之末，挥之于太山之本[③]。其施外，兆萌牙蘖之谋，皆由抵巇[④]。抵巇之隙，为道术用[⑤]。

## 【注释】

①“危”，危险的征兆。**陶弘景注：**“形而上者，谓之圣人。故危兆才形，朗然先觉，既明且哲，故独保其身也。”意思是，圣人是超越世界一切的存在，因此在事物刚产生危险的征兆时就能了然于胸，因此做出明智的决定，并且保全自身。

②“因”，顺应。萧登福注：“因，依也，顺也。‘因化说事’意谓能随顺着事情的变化而去进行说服的工作。”此说可以参考。“通达”，通晓、洞达。“细微”，细小、

隐微。**陶弘景注**：“因化说事，随机逞术，通达计谋以经纬，识细微而预防之也。”意思是，圣人能顺应事物的变化而言事，并随机施展谋略，进行谋划时，洞晓各种计谋的优缺点，能辨识细微的缝隙并预防其产生不可挽救的情况。

③“经”，经始、开始。“秋毫之末”，秋日禽兽毛的末端，比喻极为微细的东西。“挥”，动摇。“太山之本”，太山即泰山，泰山的根基。**陶弘景注**：“汉高奋布衣以登皇极，殷汤由百里而取万邦。经，始也。挥，发也。”意思是，汉高祖刘邦由布衣而终成天子，商汤从百里之地而后统一天下，他们都是由小发展到大的，世间万事万物也都是如此。

④“兆萌”，出现萌芽的征兆，即细微的征兆。“牙蘖（niè）”，“牙”通“芽”，“牙蘖”本指草木新生的枝芽，这里指小计谋、小策略。此句萧登福注：“那些办理政治的人，不能内顾，只务外事，国家即将混乱的征兆已经出现了，各种谋略因之而起，也都须由抵塞隙漏的方式来平息它。”

⑤**陶弘景注**：“然则巇隙既发，乃可行道术。故曰巇隙为道术用也。”意思是，当事物处于萌芽状态时，及时发现了他的细微征兆，才可以选择恰当的治理方法。

## 【译文】

当事物出现危险的征兆时，圣人便能察觉，然后采取明智的措施补救并且保全自己。正因为圣人能通过分析事物客观情况的变化来制定谋略，所以当事物在发展过程中产生危险的征兆时，圣人能通过辨析事物的细微变化而认识到其原因，并由此制定相应的弥补措施。事物的危险变化无一不是起于秋毫之末，如果忽略不管，任其发展，最终即使是稳固的泰山根基也会被动摇。所以，如果要施展谋略于外，必须根据“抵巇”的原理，在事物尚处于萌芽状态时，就要及时发现其罅隙之处，并制定出相应的措施来弥补。“抵巇之法”，是治理国家的一项重要技巧，也是圣人处理事情的根本方法之一。

【原文】

天下纷错[①]，上无明主，公侯无道德，则小人谗贼[②]，贤人不用，圣人窜匿[③]，贪利诈伪者作。君臣相惑，土崩瓦解而相伐射[④]；父子离散，乖乱反目，是谓萌牙巇罅[⑤]。圣人见萌芽巇罅，则抵之以法。世可以治，则抵而塞之，不可治，则抵而得之[⑥]。或抵如此，或抵如彼。或抵反之，或抵覆之[⑦]。五帝之政，抵而塞之；三王之事，抵而得之[⑧]。诸侯相抵，不可胜数。当此之时，能抵为右[⑨]。

【注释】

①“纷错”，纷乱、混乱。

②“谗贼”，意思是，诽谤中伤，残害良善。

③“窜匿”，意思是，逃窜隐藏。

④“相伐射”，**陶弘景注**：“伐射，谓相攻伐而激射也。”意思是，相互攻伐。

⑤“是”，指示代词，代指前面的四种情况。**陶弘景注**：“此谓乱政萌牙，为国之巇罅。”意思是，政事腐败开始产生，是国家崩坏的巇罅。

⑥“塞之”，堵塞裂缝，使恢复往常态势。“得之”，乘机取代，建立新秩序。

⑦**陶弘景注**：“如此谓抵而塞之；如彼谓抵而得之。反之谓助之为理；覆之谓自取其国。”意思是，若是缝隙尚可弥补，就想尽办法尽量弥补；若是缝隙已经无法挽救，就采取措施替代它。这里的“反之”是说采取措施进行弥补。“覆之”是说顺其败坏而夺取其国。

⑧“五帝”，即传说中上古五位帝王，一说是：黄帝、颛顼（zhuān xū）、帝喾（kù）、尧、舜；一说是：伏羲、神农、黄帝、尧、舜。“三王”，指夏禹、商汤、周文王。**陶弘景注**：“五帝之政，世犹可理，故曰抵而塞之，是以有禅让制事。三王之事，世不可理，故曰抵而得之，是以有征伐之事。”意思是，五帝时期，政通人和，虽有缝隙，但仍然可以弥补，所以才有禅让制。三王之时，国家已经无可救药了，所以他们取而代之。

⑨“右”，古代崇右，故以右为上、为贵、为高。

【译文】

天下纷乱之时，国家没有英明的君主，公侯大臣道德沦丧，小人横行，大肆毁谤残害忠良之士，有才能的人得不到任用。圣人也为逃离乱世而隐居起来，贪婪奸诈之人四处兴风作浪，祸乱国家。君臣之间互相猜疑，各种势力互相攻伐，国家面临土崩瓦解的局面，就连普通民众之间也是父子离散，反目成仇。以上这些都是国家出现了裂痕的情况。圣人见到国家出现这些缝隙，就会用这些方式来加以弥补：如果世道还可以治理，就用“抵巇”之法，采取措施去弥补，使之能回到正轨；如果世道已经无可挽救，也用“抵巇”之法，使其迅速崩坏，以便能建立新的秩序。圣人使用“抵巇”之法，或者达到弥补的目的，或者破旧立新，或者使事物返回正轨，或者让它翻转覆灭。比如上古五帝时代，社会政通人和，虽偶有缝隙，但依然可以用各种方式弥补；而三王时期，天下大乱，已无药可救，所以夏禹、商汤、周文王就迅速取代前世君主，重新建立新的秩序，使天下回归正途。现在诸侯之间利用对方的缝隙“或抵而塞之，或抵而得之”的事情数不胜数。因此，在当今这个时代，能善于运用“抵巇”之法才是处理国家关系的上上之策。

【原文】

自天地之合离、终始，必有巇隙，不可不察也[①]。察之以捭阖，能用此道，圣人也[②]。圣人者，天地之使也[③]。世无可抵，则深隐而待时；时有可抵，则为之谋。（此道）可以上合，可以检下[④]。能因能循，为天地守神[⑤]。

【注释】

①**陶弘景注**："合离谓否泰，言天地之道正观，尚有否泰为之巇隙，而况于人乎！故曰不可不察也。"意思是，天地尚有否泰巇隙，更何况人呢！所以巇隙不可以不体察。萧登福也说："先秦诸子中，大都认为天地虽然极广大、极精微，但在'物'中仍然属于现象界，而不是'道'，不是'本体'。天地既是'物'，因此，天地虽大，但仍然会有'离''合''终''始'。有'离''合''终''始'，即有巇隙可寻。"

②**陶弘景注**："捭阖亦否泰也。体大道以经人事者，圣人也。"意思是，捭阖也是否泰。圣人能够用"捭阖"之术体察世间巇隙并加以掌控。

③这句话的意思是，圣人能洞察天地自然之道，洞察社会人事，故称为天地的使者。**陶弘景注**："后天而奉天时，故曰天地之使也。"意思是，圣人虽比天地后生，但是能尊奉天地之道，所以圣人被称为天地的使者。

④此句底本无"此道"二字。"上合"，指与当权者互相结合，辅佐他治理国家。"下检"，指约束民众，收拾局面。

⑤"因""循"同义，遵循。"天地守神"，即顺应天地之间的规律。**陶弘景注**："言能因循此道，则大宝之位可

居，故能为天地守其神化也。”意思是，能因袭遵循抵巇道理的人，便能身居高位，因此能掌握天地间一切事物的变化规律。

【译文】

自天地产生以来，万事万物之间都有离有合，有始有终，必然会产生缝隙，因此，对天地万物不可不详察。圣人能用“捭阖”之术洞察万事万物，能用“抵巇”之法来弥补缝隙。圣人是天地的使者。世道没有裂缝需要处理时，圣人就隐居起来等待时代的召唤；世道产生缝隙需要弥补时，圣人就出来谋划。总之，“抵巇”之法，上可以暗合君主，下可以约束民众，收拾混乱的局面。因此，如果能顺应自然规律来运用，那就掌握了天地间一切事物的变化规律。

# 飞箝第五

## 题　解

“飞”，即称颂、夸奖。“箝”，即挟持、钳制。“飞箝”就是有意使用言辞称赞对方，使对方内情显露，进而控制对方为己所用。陶弘景注：“飞，谓作声誉以飞扬之；钳，谓牵持缄束令不得脱也。言取人之道，先作声誉以飞扬之，彼必露情竭志而无隐，然后因其所好，牵持缄束，令不得转移也。”萧登福亦说：“飞就是造作声誉，箝，就是钳制。飞箝，就是运用言辞技巧，替对方造作声誉，为他宣传，以此来赢取对方竭诚的感激，尔后再以各种技巧来钳制他，使他为我们所用。”

本篇是《鬼谷子》中的制人之术专论。全篇内容可以分为如下几层：

首先，探讨为什么需要“飞箝”之术。“立势而制事，必先察同异，别是非之语，见内外之辞，知有无之数，决安危之计，定亲疏之事。”“引钩箝之辞，飞而箝之。”即因为一般人往往都是喜欢听奉承的话，所以在游说时，通过有意为对方制造声誉而获得对方的信任，然后钳制住对方，从而了解对方实情，辨析对方志意与自己的异同。在此基础上，才能制定出事关安危的谋略，并最终获得成功。

其次，论述使用“飞箝”之术的方法，即需要根据具体情况而采用不同的方式。具体表现为“或先征之而后重累；或先重累而后毁之”，即根据情况不断地抬高对方的声誉，以达到毁掉他的目的；“其用或称财货、琦玮、珠玉、璧帛、采色以事之”，即采用物质来引诱刺激对方，以达到目的；“或量能立势以钩之”，即根据对方的实际情况来称赞对方；“或伺候见㵎而箝之”，即根据对方的漏洞，结合“抵巇”之术来实施“飞箝”之术。

最后，列举了两种不同情况下“飞箝”之术的使用，即“用之于天下”和“用之于人”。“用之于天下”即针对诸侯国君主的“飞箝”之术，要先根据该国的综合情况与君主个人的气质思想，运用“飞箝”之术维护君主对自己的信任。“用之于人”则针对一般人，也强调要周密了解对方，紧紧抓住对方，加以控制利用。

总之，本篇在《鬼谷子》中占有非常重要的地位，其所言的制人之术，侧重于利用对方的心理弱点来控制对方。这一点也使得《鬼谷子》受到后世儒家的批评，被认为是其不讲道德的典范之一。

【原文】

凡度权量能，所以征远来近[①]。立势而制事，必先察同异，别是非之语[②]，见内外之辞，知有无之数[③]，决安危之计，定亲疏之事[④]。然后乃权量之，其有隐括，乃可征，乃可求，乃可用[⑤]。

【注释】

①“度权量能”，揣度人的智谋和衡量人的才能。“征”，征召。“来”，使……来归附。这两句意思是，选用人才时，要能做到权衡其优劣长短，才能征召远方或近处的贤人。**陶弘景注：**“凡度其权略，量其材能，为作声誉者，所以征远而来近也。谓贤者所在，或远或近，以此征来，若燕昭尊郭隗，即其事也。”意思是，君主任用人才时，能够权量其谋略优劣、才能高低，并能使远方的贤人传扬其声誉，那么就能使远近的贤者都来归服。燕君征求郭隗就是这样做的。

②“立势而制事”，控制局面，制定相应措施。“别”，鉴别。这几句意思是，要确立便于控制别人的地位和权力，制定有关策略，一定要先仔细观察事物的相同点和不同点，分辨言论的正确与错误。**陶弘景注：**“言远近既至，乃立赏罚之势，制能否之事。事、势既立，必先察党与之同异，别言语之是非。”意思是，贤臣既然已招徕，就需要建立可行的赏罚机制，确立自己的权势地位。而考察对方内心的志愿与自己内心打算的异同，并且善于辨析对方言辞中的是非，这

是确立自己权势地位的基础。

③“内”，指内心真实想法。“外”，指外在的言语。这两句意思是，要善于辨析对方内心想法与外在言辞是否一致，了解谋略是否有用。**陶弘景注：**“外谓虚无，内谓情实，有无谓道术能否。又必见其情伪之辞，知其能否之数也。”意思是，外，指的是华而不实，内，指的是真心，有无，指的是谋略是否能行。又通过其真实或虚伪的言辞，了解其谋略哪些能使用，哪些不能使用。

④**陶弘景注：**“既察同异、别是非、见内外、知有无，然后与之决安危之计、定亲疏之事，则贤不肖可知也。”意思是，与贤人决定国家大事，从中知悉贤人是否名副其实。定亲疏之事，确定与对方是亲近还是疏远。

⑤“隐括”，矫正、修正。**陶弘景注：**“权之所以知其轻重，量之所以知其长短。轻重既分，长短又形，乃施隐括以辅其曲直。如此，则征之亦可，求之亦可，用之亦可。”意思是，称过才知道事物的轻重，量过才知道事物的长短。对事物轻重长短有了认识之后，然后再修正完善谋略，这样或征或求或用皆可。

## 【译文】

选用人才时，要做到权衡其优劣长短，才能征召远方或近处的贤人。在利用他人为自己建立地位权势、制定相关谋略时，一定要先仔细查验对方和自己志愿是否异同，并且能分辨对方言辞中的是非，了解对方言辞表面与背后的含义，清楚地知道对方提出的谋略在什么条件下有用，什么条件下无用。在此基础上，决断事关安危的大计，确定对方与自己的关系是亲是疏，进而在实践中根据具体情况进行权衡度量，修订完善，最终做到征其人、求其谋、用其才。

## 【原文】

引钩箝之辞，飞而箝之[①]。钩箝之语，其说辞也，乍同乍异[②]。其不可善者，或先征之而后重累[③]，或先重以累而后毁之[④]。或以重累为毁，或以毁为重累[⑤]。其用或称财货、琦玮、珠玉、璧帛、采色以事之，或量能立势以钩之[⑥]，或伺候见峒而箝之，其事用抵巇[⑦]。

## 【注释】

①“引”，运用。“钩”，引致、诱致。“箝”，钳制。“飞而箝之”，故意抬高对方的声誉，以获得对方的好感，然后获得对方的实情，进而钳制对方。**陶弘景注：**“钩谓诱致其情。言人之材性，各有差品，故钩箝之辞，亦有等级。故内感而得其情曰钩，外誉而得其情曰飞。得情则钳持之，令不得脱移，故曰钩箝，故曰飞箝。”意思是，因为人的才智、品性各有差异，所以“钩箝”之术的使用也须有所不同。有的须通过解决其内心的疑惑而获得其信任，有的需通过外在的赞誉获得其好感。总之，获得对方好感之后就可

以钳制对方。

②“乍”，突然、忽然，此处形容变化迅速。“乍同乍异”，一会儿同，一会儿不同，形容言语或态度变化迅速。**陶弘景注**：“谓说钩箝之辞，或捭而同之，或阖而异之。故曰乍同乍异也。”意思是，在使用“钩箝之辞”获取对方实情时，要依据实际情况，或开诚布公表示赞同，或默而不语表示不赞同。

③**陶弘景注**：“不可善，谓钩箝之辞所不能动。”意思是，“不可善”就是指那种用“飞箝”之术不能轻易对付的人。“重累”，重复累积，这里指不断抬高。《吕氏春秋·行论》引逸诗曰：“将欲毁之，必重累之；将欲踣（bó）之，必高举之。”高诱注：“累之重，乃易毁也。踣，破也。举之高乃易破也。”**陶弘景注**：“重累者，谓其人既至，然后状其材术所有，知其所能，人或因此从化也。”意思是，“重累”就是当人才来了之后，依据其才能的有无而任用，他人因此能归顺于你。

④“毁”，诋毁，即宣扬对方的短处。**陶弘景注**：“或有虽都状其所有，犹未从化，然后就其材术短者訾毁之。人或过而从之，无不知化也。”意思是，如有以依据其才而任用但对方依旧没有变化的，就根据其短处诋毁他，这样他或许能明白自己的过错而顺从。

⑤意思是，有时用重累作为诋毁的手段，有时用诋毁作为重累的手段。**陶弘景注**：“或有状其所有，其短自形，此以

重累为毁也。或有历说其短，材术便著，此以毁为重累也。为其人难动，故或重累之，或訾毁之，所以驱诱之，令从化也。”意思是，有时高扬对方的优点使其短处显露，有时通过历数其短处而使其优点彰显。这都是根据特性的不同而选择不同的手段以驱诱对方。

⑥“立势”，确立控制对方的形势。**陶弘景注**：“量其能之优劣，然后立去就之势，以钩其情，以知其智谋也。”意思是，正确衡量对方才能的优劣，酌情任用以立其势来钳制对方，从而为己所用。

⑦“伺候”，等待、等候。“㵎”，缝隙，这里指对方的失误、弱点。“箝”，同“钳”。**陶弘景注**：“谓伺彼行事，见其㵎隙而箝持之，以知其勇怯也。”意思是，等到对方行事时，利用对方的缝隙漏洞而箝制之，就可以知道对方是勇是怯。

## 【译文】

一般人都喜欢听奉承赞扬的话，因此，对这些人可以先有意赞扬，以赢取其好感，获得其实情，从而钳制住他，为己所用。这种用来套取他人实情的“箝制之辞”，要根据实际情况，忽而赞同对方，忽而表示与对方相异，以套取对方的实情。如果对方难以对付，可以先征召对方，等到对方到来时不断抬高他的声誉，使其感到名不副实的压力之后，再依据其才能而任用他。如果依据其才能而任用对方，对方心性依旧没有改变的，就指摘其短处，使其自知其过错，最终对方必定会顺从于自己。所以“飞箝”之术，有时高扬对方的优点是为了显现其缺点，有时历数对方的缺点是为了彰显其优点。因此，在钳制人才时，要灵活运用各种方式，有的人可以用金钱、珍宝、珠玉、美女等迎合他；有的人可以衡量其才能，酌情任用；有的人可以通过其行事中的漏洞来钳制他。总之，用“飞箝”之术钳制某人为己所用时，需要结合“抵巇”之法。

【原文】

将欲用之于天下，必度权量能，见天时之盛衰①，制地形之广狭②，岨崄之难易③，人民货财之多少，诸侯之交孰亲孰疏、孰爱孰憎。心意之虑怀，审其意，知其所好恶，乃就说其所重，以飞箝之辞，钩其所好，乃以箝求之④。

【注释】

①“见”，明察。“天时”，天道运行的规律，这里指国家命运发展趋势。“盛衰”，兴盛与衰败。

②“制”，控制、掌握。

③“岨”，同“阻”，险要。“崄”，同“险”，险要、险阻。“岨崄”，此处指地势阻难险峻。

④“心意之虑怀”，指君主内心的真实想法。“审”，仔细考察。“所重”，指君主所重视的事情。**陶弘景注：**“既审其虑怀，又知其好恶，然后就其所最重者而说之，又以飞箝之

辞钩其所好。既知其所好，乃箝而求之，所好不逮，则何说而不行哉！”意思是，游说之士在游说君主时，须了解其内心的真实想法，懂得君主的好恶，然后就君主最关心的事说起，才能钩住对方，进而钳制对方。如果能做到这样，那就说什么都可以得到实施。

【译文】

游说之士要用飞箝之术游说辅佐君主治理天下，一定要审时度势，衡量君主的才能，并且要能够看到国家命运的发展趋势，掌握国家的山川地理，弄清疆域面积的广狭、地形的险要，还要了解国家人口、财富的多寡情况，了解这个国家与各诸侯国之间的关系是亲近还是疏远，君主比较亲近哪个诸侯国，与哪个诸侯国有仇恨。另外，还要了解君主内心的真实想法，仔细观察国君的意图，掌握他的好恶。了解以上这些之后，在游说时，还须从国君最看重的事情着手，并运用飞箝之术，钩住他的喜好，从而控制住他，使他能够随着自己的谋略行事。

【原文】

用之于人，则量智能、权材力、料气势，为之枢机①。以迎之随之，以箝和之，以意宣之，此飞箝之缀也②。用之于人，则空往而实来③，缀而不失，以究其辞。可箝而从，可箝而横；可引而东，可引而西，可引而南，可引而北；可引而反，可引而覆[④]。虽覆能复，不失其度[⑤]。

【注释】

①“材”，通“财”。“量”“权”“料”，都指衡量、估计。“气势”，气概、勇力。“枢机”，比喻事物的关键。“枢”，《说文解字》：“户枢也。”本义为旧时门的转轴或承轴臼，因门枢是门上的关机部分，所以引申为重要的、关键的。“机”，本指古代弓弩上发射箭的装置，引申亦指关键。

②“以意宣之”，用对方意图达到自己的目的。“缀”，联结。高金体注：“缀，连而相从也。”“飞箝之缀”，萧登福注：“谓以飞箝之术连属其心。”**陶弘景注**：“言既知其诸侯智谋能否，然后立法镇其动静，制其放发，犹枢之于门，机之于弩。或先而迎之，或后而随之，皆箝其情以和之，用其意以宣之。如此则诸侯之权可得而执，己之恩信可得而固，故曰飞箝之缀也，谓用飞箝之术连于人也。”意思是，在游说诸侯时，掌握诸侯的智谋能力之后，就制定相应的谋划，或先迎合他，附和他，然后再用“飞箝”之术控制他，以此才能控制诸侯，自己对诸侯的恩情才能巩固。陶弘景此注稍显狭隘。

③**陶弘景注**：“‘用之于人’，谓以飞箝之术任使人也。我但以声誉飞扬之，故曰‘空往’。彼则开心露情，归附于己，故曰‘实来’。”意思是，“用之于人”指用飞箝之术委用人。只用语言来赞誉对方，所以叫“空往”。对方敞开心扉，表露实情，归附于己，所以叫“实来”。

④此八句是总结“飞箝”之术的功用。“从”，为“纵”的古字，古人南北曰“纵”，东西曰“横”。“引”，引导、指引。**陶弘景注：**“既得其情，必缀而勿失，又令敷奏以言，以究其辞。如此则从横、东西、南北、反覆，惟在己之箝引，无思不服也。”意思是，获得对方的内心实情之后，又能考察其言辞的真伪，这样就能控制对方，为己所用。

⑤“虽”，即使、纵然。“覆”，倾覆、失败。“复”，恢复、复兴。**陶弘景注：**“虽有覆，败必能复振，不失其节度，此飞箝之终也。”意思是，钳制对方纵然有时会遇到失败，但必定能够恢复振兴，使之始终不脱离自己的控制。

**【译文】**

若把飞箝之术用于同人的交际之中，首先要考量对方的智慧，权衡他的才干，估量他的勇力。这是和人相处极为关键的环节。进而再迎合他或顺从他，然后利用飞箝之术使自己与对方心意相合。这种利用对方的意图达到自己目的，就是用飞箝之术控制他人的手段。运用飞箝之术与他人打交道，实际上就是利用赞美之词套取对方言辞，使自己与对方意志紧密结合而没有任何疏漏，然后再考究对方言辞中所隐藏的实情，从而钳制对方，这样便能随心所欲地指引对方或向纵走，或向横走，或向东，或向西，或向南，或向北，或沿原路返回起点，或再返过去。纵然有时会遇到失败，但也可以迅速恢复振兴，使之始终不脱离自己的控制。

# 忤合第六

## 题 解

“忤”，违背、悖逆。尹桐阳曰：“‘忤’，《说文解字》作啎，逆也。”“合”，顺应、符合。“忤合”，本指“背向”“离合”。陶弘景注：“大道既隐，正道不得，坦然而行。故将合于此，必忤于彼。令其不疑，然后可行其意，若伊吕之去就是也。”意思是，当所处的大环境发生了较大变化，正道不得施行时，就须根据实际情况的变化另谋出路，就如同伊尹辅佐太甲时，因太甲沉迷酒色不听劝谏，伊尹当机立断将太甲放逐。尔后太甲悔悟，又把他迎回朝中悉心辅佐。吕尚曾求仕于商而不得重用，后辗转渭水，以钓鱼为生，直到八十岁时遇到姬昌。萧登福说：“《太平御览》卷四百六十二引作‘午合篇’，相背为忤，相向为合。忤合旨在说明，处天下纷扰，君臣际会之时的背向问题。良臣须择主而事，然而既有所择，便有‘忤’与‘合’的问题发生。合于此者，一定忤于彼，反之亦然。君子必须善于处理去就之际，并必须以飞箝之术来寻找真正值得辅佐的人。”萧注可作参考。

综上所述，可知本篇旨在说明游说之士与君主的遇合问题。内容主要包括以下几个方面：

首先，忤合之术的必要性。因为世间事物都存在“忤”与“合”的客观规律，“凡趋合倍反，计有适合。化转环属，各有形势，反复相求，因事为制”，即是说，凡事都有趋向融合或悖逆的两种趋势，在游说时，能否尊重这种客观规律，是计谋能否合适的关键，而且“世无常贵，事无常师”，即世间没有永恒的高贵，事情没有固定的模式，这就更需要掌握忤合之术。

其次，如何实行忤合之术。施行忤合之术，实施其“合”的对象，须选“成于事而合于计谋”的君主。反之，对那些不能“成于事而合于计谋”的君主，则须“因事物之会，观天时之宜”而“与之转化”，即要顺应事情发展的规律，察知事情发展的关键，以及各项政教措施恰当与否，然后随着形势的变化随时改变自己的策略。同时，在运用“忤合”之术的过程中，还要做到对自己才能、智谋有着正确的估量。

最后，列举历史上伊尹、吕尚运用忤合之术取得成功的案例，进一步阐述了忤合之术的运用。

忤合之术产生于战国纷乱的特殊背景之下，当时各诸侯国间为了自己的利益，时而联合，时而又相互攻伐。这给纵横策士实施忤合之术提供了客观环境；同时，本篇说“世无常贵，事无常师。圣人无常与，无不与；无所听，无不听。

成于事而合于计谋，与之为主。合于彼而离于此，计谋不两忠”。这种思想为纵横游说之士活动提供了理论根据。如张仪先后在秦、魏等国做官。又如陈轸本为齐国人，先仕秦，再仕楚，后来既仕楚又贰于秦，“朝秦暮楚”的典故便是由他而来。忤合之术不仅为纵横策士开辟了广阔的政治活动舞台，也极具鲜明的时代特色。

【原文】

凡趋合倍反，计有适合[①]。化转环属，各有形势，反覆相求，因事为制[②]。是以圣人居天地之间，立身、御世、施教、扬声、明名也[③]，必因事物之会[④]，观天时之宜[⑤]，因知所多所少，以此先知之，与之转化[⑥]。

【注释】

①“趋合”，投合、应和。“倍反”，“倍”，通“背”，背叛、反叛。**陶弘景注**：“言趣合倍反，虽参差不齐，然施之计谋，理乃适合也。”意思是，客观情况千变万化，谋略也须针对实际情况来制定才合适。

②“化转”，变化运转。“环”，本义为圆环，这里指“忤”“合”的变化如圆环一样首尾相接，循环往复。“因事为制”，根据实际情况制定适宜的措施、建立相应的制度而加以控制。**陶弘景注**：“言倍反之理，随化而转，如连环之

属，然其去就，各有形势，或反或覆，理自相求，莫不因彼事情为之立制也。”意思是，“倍”“反”之间相互转换就如圆环一样首尾相接，循环往复。在游说时，或去或就，也需要依据实际情况，做出相应的抉择。

③“立身”，本指立足、安身，这里指养成处世的道德本领，自立于社会。“御世”，治理天下。“施教”，实施教化。“扬声”，使名声传扬于天下。“明名”，获得名望，显示名誉。

④“因”，因循、顺应。“会”，指关键、时机。

⑤“天时”，犹天命，这里指社会发展的状况与趋势。“宜”，合适、适当。

⑥**陶弘景注：**“所多所少，谓政教所宜多宜少也。既知多少所宜，然后为之增减，故曰以此先知，谓用倍反之理，知之也。转化，谓转变以从化也。”意思是，“所多所少”指的是政教的多少。圣人能从细微处获知所行政教措施恰当与否，并随之做出改变。“转化”即随着形势的变化而改变自己的策略。

## 【译文】

世间万事万物之间的关系，有正有反，有顺有逆。在制定谋略时，要尊重“趋向”“背反”的规律，才能使谋略符合客观的需要。此两者之间的变化就像圆环滚动一样，循环往复。因此，在制定谋略时，要反复探求事物的各种变化因素，从而使制定的谋略能顺应各种形势的变化。所以圣人处在天地间，立身处世，实施教化，宣扬自己的声名，为自己获得盛名，都一定要顺应事物发展的规律，察知事物发展的关键，以及各项政教措施恰当与否，根据这些预先了解的情况，然后随着形势的变化而随时改变自己的策略。

【原文】

世无常贵，事无常师[①]。圣人无常与，无不与；无所听，无不听[②]。成于事而合于计谋，与之为主[③]。合于彼而离于此，计谋不两忠，必有反忤[④]。反于此（底本为“反于是”），忤于彼；忤于此，反于彼[⑤]。其术也。

【注释】

①“常”，长久、恒久。“贵”，尊贵。“师”，学习、效法。这两句意思是，世间没有谁能永久地处于尊位，也没有恒定不变的师法对象。所以要用发展的眼光来看待世界。**陶弘景注：**“能仁为贵，故无常贵；主善为师，故无常师。”意思是，能施行仁义就能获得尊位，所以没有谁永远尊贵；以善为师，所以没有固定的可以师法的人。

②此承上句，说圣人常似无所作为，所以能无所不为。圣人不盲目听从，所以无所不听。**陶弘景注：**“善必与之，故无不与；无稽之言勿听，故无所听。”意思是，只要是善良的事圣人就会参与，而凡是无根据的言论圣人是不会听从的。

③“主”，根本。这两句意思是，圣人的行事都是以事情能否获得成功、制定的计谋能否切合实际为根本。**陶弘景注**：“于事必成，于谋必合。如此者，与众立之，推以为主也。”意思是，做事必定成功，制定的计谋必定符合需要。由此就会得到众人的拥护，并推选其为天下之主。陶弘景的这个解释不确切。

④“离”，背离。“不两忠”，指计谋不能同时适用于相反的两方。“反忤”，即忤合。**陶弘景注**：“合于彼，必离于此，是其忠谋不得两施也。”意思是，与此合必与彼相离，所以忠信和计谋不可能同时适用于敌对双方。

⑤**陶弘景注**：“既忠不两施，故宜行反忤之术。反忤者，意欲反合于此，必行忤于彼。忤者，设疑似之事，令昧者不知觉其事也。”意思是，既然计谋不能同时适用于敌对双方，那就需要适时使用忤合之术。所谓“忤”是指用疑似之事，蒙蔽一方。

## 【译文】

世上没有谁会永远处于尊贵之位，也没有谁会永远是大家师法的对象。圣人常常似乎无所作为，所以能无所不为。圣人常常不盲目听从，所以能无所不听。圣人的行事都是以事情能否获得成功、制定的计谋能否切合实际为根本。一般来说，制定的计谋与一方相合就必定与另一方相背，不可能同时适用于敌对双方，必定会有相合、相离的情况出现。所谓“忤合”就是与彼相合而必定背于此，而与此相合则一定背于彼，所以必须适时灵活运用“忤合”之术。

【原文】

用之于天下，必量天下而与之；用之于国，必量国而与之；用之于家，必量家而与之；用之于身，必量身材能气势而与之[①]。大小进退，其用一也[②]。必先谋虑计定，而后行之以飞箝之术[③]。

【注释】

①“量”，衡量、估计。“与”，实施。“国”，指诸侯国。“家”，卿大夫。“身”，自身、自己。这八句是说，“忤合”之术的使用，要根据不同的对象恰当地使用。**陶弘景注：**“用之者，谓用反忤之术；量者，谓量其事业有无；与，谓与之亲。凡行忤者，必称其事业所有而亲媚之，则暗主无从而觉，故得行其术也。”意思是，忤合之术的使用要依据对方的实际情况，且做到自然，不被察觉。

②这句话的意思是，忤合之术的使用虽然依据其对象的大小或者策略的进退有所差异，但是运用的基本原则是一致的。**陶弘景注：**“所行之术，虽有大小进退之异，然而至于称事扬亲则一，故曰其用一也。”意思是，忤合之术的运用对象虽有大小的差异，所用策略虽有进有退，但最终都是要助其成事以获得盛名。

③**陶弘景注：**“将行反忤之术，必须先定计谋，然后行之，又用飞箝之术以弥缝之。”意思是，忤合之术使用之前，必先制定好谋略，然后再以“飞箝”之术作为辅助。

【译文】

运用忤合之术治理天下时，必须先衡量天下的实际情况，再确定具体的策略；运用于管理诸侯国时，必须先衡量该诸侯国的具体情况，再确定具体策略；运用于管理卿大夫之家时，必须先衡量其家的具体情况，再确定具体的策略；运用于自身的人际交往时，必须先衡量个人的品性、才能、气魄等，再制定具体的策略。总之，忤合之术的使用，无论对象是大是小，策略是进是退，其基本原则都是一致的，即必须先做好周密的谋划，然后施行，同时又以“飞箝”之术来辅助。

【原文】

古之善背向者，乃协四海，包诸侯，忤合之地而化转之，然后求合①。故伊尹五就汤，五就桀，而不能有所明，然后合于汤②；吕尚三就文王③，三入殷，而不能有所明④，然后合于文王。此知天命之箝，故归之不疑也⑤。

【注释】

①“背向”，即指“忤合”之术。“协”，悦服。“四海”，泛指天下。这几句意思是，善于运用“忤合”之术的

人，才能悦服天下，掌控诸侯，与他们内心相合从而达到自己的目的。**陶弘景注：**“言古之深识背向之理者，乃合同四海，兼并诸侯，驱置忤合之地，然后设法变化而转移之。众心既从，乃求其真王而与之合也。”意思是，自古能懂得向背之理的人，能协同天下，兼并诸侯，运用“忤合”之术掌控他们，使对方依据实际情况而改变。天下服从后，再寻求其真实意图与之相契合。

②“伊尹”，伊氏，名挚，小名阿衡，“尹”不是名字，而是官职，类似于“宰相”。伊尹为商朝著名政治家。传说伊尹曾经五次游说夏桀，五次游说商汤，然后才选定商汤为自己的君主，并忠诚地辅佐。他为商朝建立立下汗马功劳。后世为表彰他对商朝作出的伟大贡献，奉祀其为“商元圣”。“汤”，商朝的开国之君，又称成汤、成唐、武汤等。“桀”，夏最后一任君主，其为政残暴，荒淫无度，后被商汤所灭。

③“吕尚”，姓姜，名尚，字子牙。因其先祖曾封于吕，故以吕为氏，所以又称“吕尚”。此外，在先秦文献中还称他为“太公望”“吕望”“吕牙”等，后世则称其为“姜子牙”，是商周之际杰出的政治家、军事家，是西周文、武、成王三代的主要政治、军事宰辅，史称其“佐天子为圣臣，治邦国为圣”，为西周王朝的建立和巩固立下了卓著功勋；他也是春秋战国时期最强大的封国之一——齐国的开国始祖。姜太公的政治思想和军事谋略，对中国古代政治文化和军事文化的

形成和发展产生过巨大的影响。“文王”，姬姓，名昌，季历之子，西周奠基者。季历死后由他继承西伯之位，又称西伯昌。商纣时为西伯（“伯爵”），建国于岐山之下，积善行仁，政化大行，因崇侯虎向纣王进谗言，而被囚于羑（yǒu）里（今河南省汤阴县北）。被释放后，在自己的领地内大行仁义，天下诸侯多归附于他。其子武王姬发获得天下后，追尊他为文王。

④“明”，昭明。这句意思是，用伊尹、吕尚反复受命于明暗君主的例子，说明忤合之术的使用需要反复多次磨合才能成功。**陶弘景注：**“伊尹、吕尚所以就桀、纣者，所以忤之令不疑，彼既不疑，然后得合于真主矣。”意思是，伊尹、吕尚之所以靠近夏桀、商纣，是为了使对方不怀疑自己，对方不怀疑自己，然后才能与真正的君主相契合。

⑤“天命之箝”，天命的规定。这里是说伊尹辅佐商汤，吕尚辅佐文王，是他们使用忤合之术后才明白天命所归，故能君臣相知不疑。

## 【译文】

古代那些善于运用忤合之术的人，能够悦服天下，掌控诸侯，利用忤合之术使对方根据自己的实际需要而改变，然后与贤明君主内心相合。所以商朝的开国功臣伊尹能五次投奔商汤，又五次投奔夏桀，而得不到夏桀的任用，最终受用于商汤，实现了自己的抱负；周朝的开国元勋吕尚，曾多次接近文王，也曾多次投奔纣王，但得不到纣王的任用，而最终选择辅佐文王，实现了自己的抱负。他们都是经过多次运用忤合术后才认清了天命所归，所以最终归附明主，尽心辅佐而无怀疑。

## 【原文】

非至圣达奥，不能御世①；非劳心苦思，不能原事②；不悉心见情，不能成名③；材质不惠，不能用兵④；忠实无真，不能知人⑤。故忤合之道，己必自度材能知睿，量长短远近孰不如⑥，乃可以进，乃可以退，乃可以纵，乃可以横⑦。

## 【注释】

①“至圣”，极聪明、高尚的人。“达奥”，通达高深的道理。“御世”，治理天下。这两句意思是，如果不是极端聪明睿智、能通晓幽深事理的人，不能够治理天下。

②“劳心苦思”，费尽心机，苦思焦虑。“原事”，揣度事物的本原。这两句意思是，若不能费心竭思，就不能揣度事物的本原。

③“悉心见情”，尽心去发现事物的本质。“名”，作动词，命名。

④“材质”，资质。“惠”，通“慧”，聪慧。“用兵”，调兵遣将，即指挥战争。

⑤这句话的意思是，即使为人老实，但不能诚心待人，

也不能了解别人，从而得不到实情。

⑥这句话的意思是，“忤合”之术的实施必须要对自己的才能有正确的认识。**陶弘景注**：“夫忤合之道，不能行于胜己而必用之于不我若，故知谁不如，然后行之也。”意思是，“忤合”之术不能施行于能力超过自己的人，而只能用于不如我者，所以知道谁不如自己，是施行“忤合”之术的前提。

⑦这句话的意思是，在充分了解对方实际情况以及自身的基础上去行“忤合”之术，可以进退自如、随心所欲。**陶弘景注**：“既行忤合之道于不如己者，则进退纵横，唯吾所欲耳。”意思是，把“忤合”之术运用于不如自己的人，那么进退、纵横，皆能随心所欲。

## 【译文】

一个人如果不是极端聪明睿智，能通晓幽深事理，便不能够治理天下；不费心竭思，就不能推本溯源，掌握事物的发展规律；不能潜心探寻事物的本质，就不能给事物以恰当的命名；天资不够聪明，就不能运筹帷幄，带兵打仗；为人即使老实，但待人不够真诚，也不能真的了解别人，不能获取实情。所以，运用“忤合”之术，还须先了解自己，衡量自己的才能智慧，估量自己在哪些方面优于对方，在哪些方面又不如对方，能做到这样，就可纵横天下、进退自如。

# 揣篇第七

## 题 解

“揣”，《说文解字》：“揣，量也。从手耑声。度高曰揣。”即其本义为量轻重长短，引申指探求、揣测。陶弘景注：“揣者，测而探之也。”《太平御览》卷四百六十二引用本篇称作《揣情》。本篇开宗明义即说：“古之善用天下者，必量天下之权而揣诸侯之情。量权不审，不知强弱轻重之称；揣情不审，不知隐匿变化之动静。”意思是，纵横策士在游说时必须懂得揣度人情事理，因为它是制定谋略乃至游说他人的基本原则。“揣测”的内容则主要包括两方面：

一是“量权”，即要详细衡量各种客观、外在的信息。包括该国地理位置，疆域大小，物产财富多寡，民心向背，君臣关系亲疏与否，门人策士忠心与否，以及与其他国家的关系等。只有掌握了这些客观情况，才能明白该国目前面临的问题，从而有针对性地制定相关谋略。

二是“揣情”，所谓“情变于内者，形见于外。故常必以其见者而知其隐者”，即通过对方的外在表现、言辞等，揣测其内心的真实想法。“揣情”是揣测主观心理，它是无形的，有时甚至隐藏很深。所以需要适时运用各种技巧，或者趁对方大喜、大惧时去揣情；或者从对方最亲近的人入手；或者从对方的外在行为探测其内心。总之，“揣情最难守司，言必时有谋虑”，即揣情时需要预先设置，做好准备，随机应变。

本篇是《鬼谷子》中非常重要的一篇，所论主旨为纵横家核心思想之一，与第一篇《捭阖》、第二篇《反应》、第三篇《内揵》以及第八篇《摩篇》大致相同，但又各有侧重。《捭阖》强调情的重要，《反应》篇论“得情”，强调自知而后知人；《内揵》虽也是探寻对方内心的实情，但是其方法与本篇不同；《摩篇》则是本篇的延续。

## 【原文】

古之善用天下者，必量天下之权而揣诸侯之情①。量权不审，不知强弱轻重之称；揣情不审，不知隐匿变化之动静②。

## 【注释】

①“善用天下者”，即善于统驭天下的人。“量”，衡量，权衡。“权”，权势。“情”，实情。这两句意思是，自古善于统驭天下的人，必定能洞察天下政治形势的发展，揣度诸侯国君内心的真实意图。这两句指出善于统驭的人所具备的

两种能力。

②“量权”，度量权衡。“审”，详明、周密。“动静”，行动、举止。

【译文】

自古善于统驭天下的人，必定能洞察天下政治形势的发展，揣度诸侯国君内心的真实意图。如果对天下局势掌握得不够详明，就不了解欲游说之国的实力强弱，以及在国际形势中的地位轻重。如果对欲游说君主的内心揣测不准、不详细，就不知道对方隐藏于内心的真实想法，以及他对外界形势发生变化时欲采取的行动。

【原文】

何谓量权？曰：度于大小，谋于众寡①；称②货财有无之数，料人民多少，饶乏有余不足几何③；辨地形之险易④，孰利孰害；谋虑孰长孰短；揆⑤君臣之亲疏，孰贤孰不肖；与⑥宾客之智慧，孰少孰多；观天时之祸福，孰吉孰凶；诸侯之交，孰用孰不用；百姓之心，去就变化，孰安孰危，孰好孰憎。反侧孰辩⑦，能知此者，是谓量权⑧。

【注释】

①“度（duó）”，估计、推测。“谋”，审察、考察。

②“称”，衡量。

③“料”，估量、忖度。“饶乏”，富裕与贫困。“几何”，多少。

④“险易”，险阻与平坦。

⑤“揆”，《说文解字》：“揆，度也。”即揣测、揣度。

⑥“与”，通“预”，预测。

⑦“反侧”，翻来覆去，这里指从各方面进行详尽考量。“孰”，“熟”的古字，熟练。

⑧“知”，懂得。“是”指示代词，相当于“这”。“量”与“权”，测定物体大小、轻重的器具，这里作权衡之意。**陶弘景注**：“天下之情，必见于权也。善于量权，其情可得而知之。知其情而用之者，何适而不可哉。”意思是，善于懂得权衡，就能够获得天下实情，然后再谋划就没有什么是不合适的，不可以施行的了。

## 【译文】

什么叫作“量权”？就是在游说前，能仔细估量一个国家的疆域大小、谋士的多少、财货的厚薄、人口的多少、贫富状况、物资缺乏情况；要对国家山川地理的险要之处与平易之处，哪里的地形有利，哪里的地形不利，都了然于胸；对国家的谋士，也要深知他们的优劣长短；能正确判断主君与臣子之间的亲疏关系，而且清楚臣子中谁有才华，谁又是奸佞之人，以及国内门客的智谋情况；能通过观察天道的运行，预测哪些是吉祥的征兆，哪些是祸患的前兆；对本国与其他诸侯国的交往，要知道哪些诸侯国是可以信任的，哪些则不可信任；对民心向背的变化情况，要清楚这些变化哪些是安全的，哪些是危险的，以及人们内心喜欢什么、憎恨什么。如果能够对以上情况进行反复辨识并能知道如何应对，这就叫“量权”。

【原文】

揣情者，必以其甚喜之时，往而极其欲①也，其有欲也，不能隐其情；必以其甚惧之时，往而极其恶②也，其有恶也，不能隐其情。情欲必出其变③。感动而不知其变者④，乃且错其人⑤，勿与语而更问其所亲，知其所安⑥。夫情变于内者，形见⑦于外。故常必以其见者而知其隐者，此所以谓测深揣情⑧。

【注释】

①“极其欲”，意思是最大限度地刺激对方的欲望。

②“恶（wù）”，讨厌，憎恨。

③**陶弘景注：**“夫人之性，甚喜则所欲著；甚惧则所恶彰。故因其彰著而往极之。恶欲既极，则其情不隐，是以情欲因喜惧之变而生也。”意思是，在特别高兴时会表现出内心的真实欲望，在极端恐惧时，所讨厌的就会彰显出来，这是人的本性。所以在人情绪极端变化时，以其所欲或所恶去刺激他，就能使其内心的真实想法显现出来。

④“感动”，即触动。这句意思是，已触动对方的内心，

但仍不知对方内心的变化。

⑤“且”，姑且、暂且。“错”，通“措”，弃置、搁置。

⑥“更”，改换。“所亲”，所亲近的人。“所安”，所喜欢的。这两句意思是，当用“极欲”“极恶”之法仍然不能了解对方内心的实情时，就须改变方式，通过与对方最亲近的人交谈，也可以了解对方内心的实情。**陶弘景注：**“虽因喜惧之时以欲恶感动，而尚不知其变，如此者，乃且置其人，无与之语，徐徐更问斯人之所亲，则其情欲所安可知也。”意思是，对那些通过其所欲或所恶仍然不能了解其内心的人，需要暂时搁置此人，不急于与之交谈，转而向其亲近的人慢慢了解他，这样这人内心的真实意图也可以被掌握。

⑦“见”，通“现”，显现、显露。

⑧“测探”，探测。“揣情”，揣摩他人之情。**陶弘景注：**“夫情貌不差，内变者必外见，故常以其外见而知其内隐。观色而知情者，必用此道。此所谓测深揣情也。”意思是，揣情时有一种以外见内的方法，因为人的情发于内，而必现于外，所以通过对方外在的情态变化，或者其亲近的人，可以揣测其内心。

## 【译文】

揣摩对方内心的隐秘实情，一定要在他最高兴的时候去迎合他，并尽力刺激、满足他的欲望，人有了欲望，内心的真情就难以隐藏；一定要在他最恐惧的时候去见他，并最大限度地刺激、诱发他的恐惧和憎恶，人有了恐惧与憎恶，内心的真情也就难以隐藏。总之，人内心的真情必定会在其情绪极端变化时不自觉地表现出来。如果一个人的内心已经被触动了，却仍然不能了解其内心的实情，就暂且将其放下，不与他交谈，转而去询问他最亲近的人，也可以知道其内心的实情。一般来说，人的内心情感发生变化，一定会在外表有所体现，所以常常可以通过人的外在表现来深入了解其内心的实情，这就叫作“测深揣情”。

【原文】

故计国事者①，则当审权量；说人主，则当审揣情。谋虑情欲必出于此②。乃可贵，乃可贱；乃可重，乃可轻；乃可利，乃可害；乃可成，乃可败。其数一也③。故虽有先王之道、圣智之谋，非揣情，隐匿无可索④之。此谋之大本也，而说之法也⑤。

【注释】

①**陶弘景注**：“审权量，则国事可计；审揣情，则人主可说。”意思是，能够仔细审察权衡，就能谋划国家大事；能够仔细体察对方的内心实情，则可以游说国君。

②这句话的意思是，谋划国家大事，必须仔细权量国家各方面实情；游说人主，必须对其内心进行仔细揣量。这是

游说之士一切谋略的基本出发点。**陶弘景注**："至于谋虑、情欲，皆揣而后行，故曰谋虑情欲必出于此也。"意思是，至于为对方制定的谋略、掌握对方的志意，都需要先揣量，然后才可行，所以叫作"谋虑情欲必出于此"。

③"数"，道理。**陶弘景注**："言审于揣术，则贵贱成败，唯己所制，无非揣术所为，故曰其数一也。"意思是，策士若能善于运用揣术，则贵贱、成败等皆由自己掌控。

④索：寻求、探索。**陶弘景注**："先王之道，圣智之谋，虽宏旷玄妙，若不兼揣情之术，则彼之隐匿从何而索之？"意思是，即使具有先王、圣智的经验谋略，但如果不用"揣情"之术也无法了解那些隐藏的实情。

⑤"大本"，事物的基础。"法"，法则、方法。俞樾《读书余录》说："大字，衍文也。谋之本、说之法，相对为文，不当有大字。本与大上半相似，每易致误。"

## 【译文】

所以，谋划国家大事的人，要用"量权"之法，对国家的各方面实情进行仔细权量。游说人主的谋士，要用"揣情"之术，对人主内心的真实想法有详细的揣量。一切谋略和志愿，都要以此为出发点。有的人显贵，有的人低贱；有的人被重用，有的人被轻视；有的获利，有的受损；有的成功，有的失败。这其中的基本原则是一致的。那就是，善于揣测的人便显贵、获利、成功。否则，便低贱、受害、失败。所以游说之士，即使具有先贤圣王的经验、智谋，如果不懂“量权”和“揣情”之术，就无法获得那些隐藏的实情，最终导致游说不成功。可见，“量权”和“揣情”是制定谋略的根本，也是游说他人的基本原则之一。

【原文】

常有事于人，人莫能先，先事而生，此最难为①。故曰揣情最难守司，言必时其谋虑②。故观蜎飞蠕动，无不有利害，可以生事③。美生事者，几之势也④。此揣情饰言成文章，而后论之也⑤。

【注释】

①这句话的意思是，能以揣术行之于人，则没有谁能与其争先，而揣术施行的难点在于要在制定谋略之前预先设计好。**陶弘景注：**“挟揣情之术者，必包独见之明，故有事于人，人莫能先也。又能穷几应变，故先事而生。自非体元极妙，则莫能为此矣。故曰此最难为也。”意思是，掌握“揣情”之术的人，必定拥有能见人所不能见的能力，所以做事没有谁能超过他。又能在将要穷尽时产生变化，所以能事先做出谋划。如不是自己体悟到“揣情”的奥妙，是不能做到这样的程度的。

②“守司”，掌握。“言”，游说。“时”，常常、随时。**陶弘景注：**“人情险于山川，难于知天。今欲揣度而守司

之，不亦难乎！故曰揣情最难守司。谋虑出于人情，必当知其时节。此其所以为最难也。”意思是，因为获得人内心的实情，比登天还难，现在想要揣测它，自然最难掌控。为人谋划，必须要以揣术懂得对方当前的形势，这也是非常难的。

③“蜎（yuān）”，蚊子的幼虫，这里泛指小虫子。**陶弘景注**：“蜎飞蠕动，微虫耳，亦犹怀利害之心，故顺之则喜说，逆之则勃怒，况于人乎！况于鬼神乎！是以利害者，理所不能无顺逆者，事之所必行。然则顺之招利、逆之致害，理之常也。”意思是，蜎的飞行、小虫的蠕动，其中尚且包含有利害之心，所以顺从它，它就喜悦；违背它，它就大怒，何况人和鬼神呢？所以，顺从就能获得好处，违反就会招致灾祸。

④俞樾《读书余论》：“美当作变，言蜎飞蠕动之虫，无不有厉害可以生事变也。变、美形近而误。”“几”，几微，事物微小的征兆。

⑤“饰言成文章”，即修饰言辞使它具有文采。**陶弘景注**：“言既揣知其情，然后修饰言语以导之，故说辞必使成文章而后可论也。”意思是，通过揣术获得对方实情后，还须对言辞加以修饰，增强形象性，以便吸引对方。

## 【译文】

一个人若能灵活运用“量权”和“揣情”之术进行游说，则没有谁能与其争先，而揣术在施行时需要提前进行设计，这是其最难做到的。替别人制定谋略须时以对方的内心实情为依据，而人心难测，所以说“揣情”术最难掌握，游说时一定要时时谋虑，小心应对。替人制定谋略时，对象即使发生像蚊虫的飞行蠕动那样细小的变化，其中都有可能隐含着利害关系，从而使事物产生出种种意想不到的事端。可见，大事端的发生往往都是有细微的征兆的。这就要求在游说中运用揣术必须善于修饰言辞，然后再去进行论说。

# 摩篇第八

## 题 解

陶弘景注："摩者，顺而抚之也。摩得其情，则顺而抚之以成其事。"意思是，所谓"摩"者，就是顺从对方而迎合。通过"摩"而获得对方的真实情感，那么再顺而迎合就可以成就其事。"摩"，即切磋、研究之意。《说文解字》："摩，研也。"亦是此意。陶弘景之言，也即顺从其意，揣摩其情，然后由此抚顺揣摩其心，方可以成就其事。《太平御览》卷四六二引用本篇称作《摩意》篇，即是揣摩心意之意。

本篇《摩篇》与第七篇《揣篇》是前后密切相关联的两篇，本篇把"摩"作为第七篇"揣"的方法，因此，开篇即言："摩者，揣之术也。"具体而言，就是通过言辞交流，揣摩获知对方的真实想法，进而顺从其意，达到"以成其事"的最终目的。所以，《摩篇》或者《摩意》就是探讨可以揣摩对方实情的方法。

《摩篇》主要内容涉及"摩"的内涵、方法与技巧等。

该篇在结构上分作两个部分：

其一，先来阐释什么是“摩”。所谓“摩者，揣之术也。内符者，揣之主也”。同时对于用之有道的“善摩者”的成功予以充分肯定。

其二，探讨如何来“摩”，即关于“摩”的方法的探寻。具体包括“有以平，有以正，有以喜，有以怒，有以名，有以行，有以廉，有以信，有以利，有以卑”十种方法，并对这十种方法进行了具体的阐释。

## 【原文】

摩者，揣之术也①。内符者，揣之主也②。用之有道，其道必隐③。微摩之，以其所欲，测而探之，内符必应④。其所应也，必有为之⑤。故微而去之，是谓塞窌、匿端、隐貌、逃情，而人不知，故能成其事而无患⑥。摩之在此，符应在彼，从而用之，事无不可⑦。

## 【注释】

①“摩”，本指切磋、研究之意，在这里借以指代揣摩探测对方心理的一种方法，也是本篇将要重点讨论的“揣之术”的一种。**陶弘景注**：“谓揣知其情，然后以其所欲切摩之，故摩为揣之术也。”意思是，通过揣测得知对方的实情，然后按照他心中所存在的欲望施行“摩”的手段，所以

说“摩”为“揣”术。

②“符”，即合也，也就是从外揣摩而从内符合之意。通过揣摩观测其人的外部反应表现，从而判断验证他的内心情感欲求，这才是揣摩之根本。以上“摩者，揣之术也。内符者，揣之主也”两句，综括了本篇的论述纲领，也即揣情与摩意的相互关联。谋士在与他人展开论说之前，就需要先通过对方的外在表现而揣摩探测其内在心理情状，由此方才有可能取得成功。**陶弘景注：**“内符者，谓情欲动于内而符验见于外。揣者见外，符而知内情，故内符为揣之主也。”意思是，内符，就是情欲在其外有所表现，而在其内有所符验。通过揣的方式可以看到其外，通过内符可以察知内情，所以说内符是揣之主。

③**陶弘景注：**“揣者，所以度其情慕；摩者，所以动其内符。用揣摩者，必先定其理，故曰用之有道。然则以情度情，情本潜密，故曰其道必隐也。”揣，就是猜度对方的情感；摩，就是用以验证内符。意思是，使用揣摩之术，必须先要确定其中的道理，所以说是用之有道。然而，虽然是以情度情，但是情本来就是潜藏隐秘的，所以说使用其道必须要隐秘。所谓“用之有道”，也即把握住“摩”之特殊规律。道，即内在规律。即使用揣摩之术，必须要遵循它的内在规律与法则，并且使用过程中必须要隐秘而不被察觉。也就是说，在使用“摩”时，既要能够揣摩把握住对方内心的想法与诉求，又要用之有道，不可以显示自己的真实意图，

因此，这个过程必须是隐蔽而幽微、让人难以察觉的。

④**陶弘景注：**“言既揣知其情所趋向，然后以其所欲微切摩之，得所欲而情必动；又测而探之，如此则内符必应。内符既应，必欲为其所为也。”意思是，所言可以揣测得知对方情感的倾向，然后根据对方内心的欲望去慢慢切摩，对方的欲望得到满足之后，那么他的情感必然就有所表现。接着进行探测，如此就可以内符必应。内符既然已经相应，就必然会做到想要做的事情。微，即暗暗地、暗中之意。结合前一句“其道必隐”，也就是再次强调使用“摩”时，必须要隐秘，以免被人觉察或识破。所谓“以其所欲，测而探之，内符必应”，就是要在暗中揣摩时，根据对方的外在表现与喜好欲求进行探测，从而就可以得知对方内心的真实情感，由此收到内外相应的揣摩效果。

⑤这句话的意思是，使用“摩”时，必须先要顺从对方的喜欢与欲求，才可由此推测探求，进而获知对方内心的真实情感。

⑥“塞窌（jiào）”，窌，本意指地窖或洞穴，在此引申为漏洞，“塞窌”，即堵塞漏洞。“匿端”，“匿”，藏匿，“端”，头绪，“匿端”即藏匿头绪。“隐貌”，“隐”，隐藏，“貌”，外貌，在此指自己的外在表现。“隐貌”，隐蔽自己一方的外在表现。“逃情”，“逃”，逃遁，在此指隐藏，“情”，自己内心的真情欲求。“逃情”，隐藏自己内心的真实感情与欲求。综合来看，这几句的主要意思

是，当摩之目的达到后，就应该暗暗地退出。从开始到退出，都不要让对方察觉，只有这样才可以在取得成功之后而不会留下任何遗患。**陶弘景注：**“君既欲为事必可成，然后从之；臣事贵于无成有终，故微而去之尔。若已不同于此，计令功归于君，如此可谓塞窌、匿端、隐貌、逃情。情逃而窌塞，则人何从而知之。人既不知，所以息其僭妒，故能成事而无患也。”意思是，君主既然想要做事就一定使他成功，臣子帮助君主达成所愿之后就应该悄然隐去。如果自己不能这样做，就需要计划把所有的功劳都归于君主，这样可以称作堵塞漏洞、藏匿头绪、隐蔽外在表现、逃遁内心情感。内心情感逃遁且堵塞漏洞之后，那么就没有人可以得知了。没有人得知，也就可以平息他们的嫉妒，所以事成之后也就没有后患了。

⑦**陶弘景注：**“此摩甚微，彼应自著。观者但睹其著而不见其微，如此用之，功专在彼，故事无不可也。”意思是，这种“摩”非常细微，应该可以自我显现出来。旁观之人只能看见其显著，而不能看见其细微，如此使用，功专在彼处，那么事情就没有不成功的了。也就是说，揣摩之术在此，而符验之处在彼，这才是“摩”之神奇作用所在。只要善于顺从摩之规律而使用它，那么就不再有事情是做不成功的了。

## 【译文】

摩情探测，这是揣术的一种方法。人们内心的真情实感与欲望追求必然会通过外在的行为得到展露，因此，通过摩的方式就可以将人们内心深处隐藏的真实情感探测得知，这就是揣的主要目的。在使用摩情探测这种方法时，必须遵循它本来的规律与法则，并且在使用的过程中一定要做到隐蔽而幽微，以免被人觉察。在暗中使用摩情探测这一方法时，需要根据对方内心的欲望与诉求，进行暗中探测，对方的内心在自己欲望与诉求的驱动下，必然会有相关的外在反应。一旦摩情探测到了这种外在反应，就可以有根据地有所作为了。在通过摩情探测达到目的之后，就需要暗暗地退去了，这就是堵塞漏洞、藏匿头绪，同时还要隐蔽自己的外在表现以及内心的真实感情与欲求，不可以让自己的外在表现泄露内心情感。在做到不让人察觉的情况下，才可以把事情做成功，并且不会因此留下任何遗患。我们在用满足对方喜好或欲望的摩情方式来探测对方内心真实想法的时候，对方一定会有相应的行动呈现出来。在此我们就需要顺从他的情感反应而采取与之相对应的措施，那么就不再有什么事情是做不成功的了。

【原文】

古之善摩者，如操钩而临深渊，饵而投之，必得鱼焉[①]。故曰主事日成，而人不知；主兵日胜，而人不畏也[②]。圣人谋之于阴，故曰神；成之于阳，故曰明[③]。所谓主事日成者，积德也[④]，而民安之，不知其所以利[⑤]；积善也，民道之，不知其所以然[⑥]，而天下比之神明也[⑦]。主兵日胜者，常战于不争不费，而民不知所以服，不知所以畏，而天下比之神明[8]。

## 【注释】

①古之善摩者，如操钩而临深渊，饵而投之，必得鱼焉：这句话的意思是，古代的那些善于使用摩情探测之术的人，就像拿着钓鱼钩在深渊边垂钓一般，将饵料投放下去之后，就一定能够钓上来大鱼。此句用比喻手法来形容古代善于使用“摩”术之人。

②“主事”，指掌管主持国家政治、经济、邦交等各类大事。“主事日成，而人不知”，指使用摩情探测之术以后，掌管各类事务时每天都有所进步成功而别人却不能得知。“主兵日胜，而人不畏也”，意思是，主帅统领军事大权，每天都可以打胜仗，主要是由于士兵相信主帅统兵用法的谋略而不畏惧任何敌人。这几句主要谈使用摩情探测之术所能达到的效果。**陶弘景注：**“钓者露饵而藏钩，故鱼不见钩而可得；贤者显功而隐摩，故人不知摩而自服，故曰主事日成而人不知也；兵胜由于善摩，摩隐则无从而畏，故曰主兵日胜而人不畏也。”意思是，钓鱼的人把鱼饵露在外面而把鱼钩藏在里面，所以鱼看不见鱼钩就会被钓上来。贤者显露其功而隐藏“摩”术，所以人们不知道他的“摩”术却都十分佩服他，因此说是所主之事有所成功而人们都不知道。行兵可以得胜是善“摩”的原因，将“摩”隐藏起来就没有什么可畏惧的，所以说是主兵日胜而无所畏惧。

③这句是用“阴”与“阳”相对举，指出圣人谋划布局的过程；用“神”与“明”相互文，指出圣人谋划布局成功的神秘莫测。圣人是在暗中筹划，所以称之为“神”；在明面上获得了成功，所以称之为“明”。**陶弘景注：**“潜谋阴密，日用不知，若神道之不测，故曰神也。功成事遂，焕然彰著，故曰明也。”意思是，暗中谋划，每日使用，别人却不知道，就像神道一样不可预测，所以称作神。功成事遂之后，焕然彰著于世，所以称作明。

④“积德”，累积德行，指的是掌管国家大事的人，之所以每天都能够成功，是因为他在不断地对民众累积施行德政。

⑤这句话的意思是，民众享受到了德政带来的连续不断的实质性的好处，并得以安居乐业，但是并不知道到底是谁给他们带来了这些利益。

⑥“积善”，累积善事。“道”，通“导”，引导。这几句意思是，对民众进行良好的引导与教育，而民众在接受这样的引导与教育之后，却不知道为何会有这样的局面。

⑦**陶弘景注：**“圣人者，体神道而设教，参天地而施化，韬光晦迹，藏用显仁。故人安德而不知其所以利，从道而不知其所以然，故比之神明也。”意思是，贤明的主事之人，在每日积德、积善引导民众安居乐业，让百姓自然而然地听从政令，这是一种极为高明的统治艺术，因此天下百姓就会把他比作“神明”。

⑧“主兵”，统帅军队。“不争不费”，不通过战争，

不耗费人力物力。这几句的意思是，所谓统兵主帅之人每天都能够获得胜利，是指他经常不会使用攻打杀戮的手段进行战斗，因此也就没有耗费军费与人力，从而百姓民众不知道他是如何使敌人屈服的，也不知道他是如何让敌人感到害怕的，这样天下百姓就把他比作“神明”了。**陶弘景注**：“善战者，绝祸于心胸，禁邪于未萌。故以不争为战，师旅不起。故国用不费，至德潜畅，玄风遐扇，功成事就，百姓皆得自然。故不知所以服，不知所以畏，比之于神明也。”意思是，善于征战之人，将祸事从心中隔绝，将邪念禁断在还没有萌芽的状态。因此是以不争为战，而不会再兴师动众。所以国家使用不会破费，至德通畅，功成事就，百姓都可以安泰。所以百姓不知道敌人为何会屈服、为何会害怕，就会把统兵主帅当作神明一样看待。

**【译文】**

古代的那些善于使用摩情探测之术的人，就像拿着钓鱼钩在深渊边垂钓一般，将饵料投放下去之后，就一定能够钓上来大鱼。所以说，这种人使用摩情探测之术后，掌管各类事务每天都有所进步，而别人却不能得知；主帅统领军事大权，每天都可以打胜仗，主要是由于士兵相信主帅统兵用法的谋略而不畏惧任何敌人。圣人经常是在暗中筹谋策划，所以人们将其称作“神”；能够在明处获得成功，所以将其称作“明”。掌管国家大事的人，之所以每天都能够成功，是因为他在不断地对民众累积施行德政。民众享受到了德政带来的连续不断的实质性的好处，并得以安居乐业，但是并不知道到底是谁给他们带来了这些利益。他对民众进行良好的引导与教育，而民众在接受这样的引导与教育之后，却不知道为何会有这样的局面。因此，天下百姓就会把他比作“神明”了。统兵主帅之人每天都能够获得胜利，是因为他经常不会使用攻打杀戮的手段进行战斗，因此也就没有耗费军费与人力，从而民众不知道他是如何使敌人屈服的，也不知道他是如何让敌人感到害怕的，这样天下百姓就把他比作“神明”了。

## 【原文】

其摩者，有以平，有以正，有以喜，有以怒，有以名，有以行，有以廉，有以信，有以利，有以卑①。平者，静也；正者，宜也②；喜者，悦也；怒者，动也；名者，发也③；行者，成也④；廉者，洁也；信者，期也⑤；利者，求也；卑者，谄也⑥。故圣人所以独用者，众人皆有之⑦。然无成功者，其用之非也⑧。

## 【注释】

①这里列举了摩情揣意的十种方法：平、正、喜、怒、名、行、廉、信、利、卑。需要注意的是，此十种方法是因人而异的，是针对不同情况而须逐一对应的。**陶弘景注**：“凡此十者，皆摩之所由而发。言人之材性参差，事务变化，故

摩者亦消息盈虚，因几而动之。”意思是，以上十种，皆是“摩”的不同方法，是因人而异、因事而异的，所以摩者要依据消息的具体情况而进行。

②“平”与“静”，“正”与“宜”，与下文的“喜”与“悦”等，都是在用同义互训的方式解释摩情的十种方法。其中“宜”即适宜、正好的意思，与“正”相对应。

③“发”，生发、发扬。**陶弘景注：**“名贵发扬，故曰发也。”意思是，名是贵在发扬，所以说是发。

④“行”，即行动，在此是指只要指点对方有所行动就能够成功。**陶弘景注：**“行贵成功，故曰成也。”意思是，行是贵在成功，所以说是成。

⑤“期”，期约，即“信”的同义互训。

⑥“謟（tāo）”，通“韬”，隐瞒、隐藏。以上主要是在探讨使用十种摩情探测方法之后的结果。

⑦这句话的意思是，这是圣人使用的方法，普通民众也可以使用。

⑧“用之非”，也就是“用非其道”之意，即使用过程中没有遵循其中的规律法则。**陶弘景注：**“言上十事，圣人独用以为摩而能成功立事，然众人莫不有之。所以用之，非其道，故不能成功也。”意思是，所说的以上十种情况，圣人可以使用并且能够成功，但是普通众人没有办法。普通众人虽然使用，但是没有找到其中的道理，所以不能成功。此句是对以上十种摩意探测方法使用结果的综括，也就是说，在

使用这十种方法之后，还没有获得成功的话，那么就是因为使用过程中没有遵循其中的规律法则。

【译文】

使用摩情探测的方法有很多种，要根据不同的人、不同的情况而具体灵活地使用：有的使用平和，有的使用正直，有的使人喜悦，有的使人发怒，有的发扬名贵，有的采取行动，有的讲求廉洁，有的追求信誉，有的要求利益，有的使用谦卑。平者，使人内心安静平和；正者，使人感到适宜公正；喜者，使人欢喜快乐；怒者，使人情绪起伏波动；名者，使人名声传扬广播；行者，使人能够获得成功；廉者，使人廉洁自律；信者，使人讲求信用有所期许；利者，使人能够获得所需求的东西；卑者，是以韬光养晦的方式隐藏自保。所以，圣人所独用的摩情探测他人内心的方法，普通人也可以使用。但是在使用这十种方法之后，还没有获得成功的话，那么就是使用过程中没有遵循其中的规律法则。

【原文】

故谋莫难于周密，说莫难于悉听，事莫难于必成①。此三者，唯圣人然后能任之②。故谋必欲周密，必择其所与通者说也，故曰或结而无隙也③。夫事成必合于数④，故曰道数与时相偶者也⑤。

**【注释】**

①“谋”，谋略。“说”，游说。“悉听”，皆被人听取接纳。这是列举了谋略、游说、做事最难达到的三种境界。谋略策划最难的地方在于详细周密，游说建议最难的地方莫过于做到让对方全部接受或听取自己的意见，做事最难的地方莫过于让它们都获得成功。

②“任”，胜任、负担。结合前三句，是指这三种情况，唯有圣人才能够真正做得到。**陶弘景注：**“谋不周密则失机而害成，说不悉听则违理而生疑，事不必成则止篑而中废，皆有所难。能任之而无疑者，其唯圣人乎？”意思是，计谋不够周密就会错失良机而有碍于成功，游说没有被听从就会违背道理而产生怀疑，事情没有成功就需要中途止损。能够胜任而不生怀疑的，只有圣人吧。

③“通者”，通达明白之人。“说”，商量、谋划。“结而无隙”，指像打上结扣一样十分紧密而毫无间隙可乘。此句是说，筹谋计划要想做到详细周密、毫无破绽的话，就必须选择那些可以与自己心意相投的通达明白之人并与之一起商量计划，这就像给绳索打上结扣一样十分紧密而让人毫无间隙可乘。**陶弘景注：**“为通者说谋，彼必虚受；如受石投水，开流而纳泉，如此则何隙而可得。故曰结而无隙也。”意思是，与通达明白之人商量，那么他必然虚心接受，就像用石头投入水中，可以打开源流而获得泉水，这样就不会有间隙可以乘机进入了，所以说是像打上结扣一样十

分紧密而毫无间隙可乘。

④“数”，在此指术数、技术，即游说技术。此句意思是，如果要把事情做成功，就必须要符合游说所必需的技术。

⑤“道”，道理、规则。“数”，术数、技术。“时”，时机、时势。也就是说，如果要把事情做成功，就必须要符合游说所需要的技术，因此这就是道理、术数与时机三者的相互偶合。**陶弘景注：**“夫谋成，必先考合于术数，故道、数、时三者相偶合，然后事可成而功可立也。”意思是，谋划能够成功，必须先要合于术数，所以说是道、数、时三者相合，然后事情可以成功。

【译文】

所以说，谋略策划最难的地方在于详细周密，游说建议最难的地方莫过于做到让对方全部接受或听取自己的意见，做任何事情最难的地方莫过于让它们都能够获得成功。以上三种情况，唯有圣人才能够真正做得到。因此，筹谋计划要做到详细周密、毫无破绽的话，就必须选择那些可以与自己心意相投的通达明白之人并与之一起商量计划，而这就像给绳索打上结扣一样十分紧密，让人毫无间隙可乘。如果要把事情做成功，就必须符合游说所需要的技术，因此，这就是道理、术数与时机三者的相互偶合。

【原文】

说者听，必合于情，故曰情合者听[①]。故物归类，抱薪趋火，燥者先然；平地注水，湿者先濡[②]。此物类相应，于势譬犹是也[③]。此言内符之应外摩也如是[④]。故曰摩之以其类焉，有不相应者，乃摩之以其欲，焉有不听者[⑤]？故曰独行之道[⑥]。夫几者不晚，成而不拘，久而化成[⑦]。

【注释】

①“说者”，游说之人。“情”，人内心的情感。这几句意思是，游说之人所说的言辞道理如果想要对方认可听从，就必须要合乎对方内心深处的情感需求，所以说只有内心情感得到切合才能够被对方听取。**陶弘景注：**“进说而能令听者，其唯情合者乎。”意思是，游说能够使对方听从，应该就是所说之事合情合理的原因。

②“物归类”，物归其类、物以类聚。“薪”，木柴。“然”，通“燃”。“濡”，湿润、滋润。这几句意思是，世间万物都是各归其类的，抱着木柴趋近于火堆，那么干燥的木柴就会率先被引燃，平坦的地上被倾注了水，那么湿润的地方就率先产生积水。

③“势”，内情、情势。这两句意思是，摩情探测之法与自然界物以类聚的道理相通，只有在内情相通的情况下才可以具体实施。

④“应”，相互呼应、应验。这句意思是，内心真实感情

与外部摩情探测相互呼应。**陶弘景注**："言内符之应外摩，得类则应，譬犹水流就湿，火行就燥也。"意思是，所说的内符与外摩相互呼应，就像水流向湿润的地方、火靠近干燥的地方是一样的道理。

⑤"类"，同类。"欲"，欲求。这几句主要指出摩情探测的两个基本原理：其一，物以类聚的原理；其二，顺从对方内心欲求的原理。如果用第一个原理进行摩情探测没有得到回应的话，再用第二个原理就没有不听从的了。

⑥这句话的意思是，指以上两个原理是圣人所使用的技巧。**陶弘景注**："善于摩者，其唯圣人乎！故曰独行之道也。"意思是，善于使用"摩"术之人，应该就是圣人吧！所以说是独行之道。

⑦"夫"，发语词，没有实际意义。"几"，在此是指事物细微的征兆。"成而不拘"，有所成就也不会据为己有。"久而化成"，长久以往便可获得成功。**陶弘景注**："见几而作，何晚之有？功成不居，何拘之有？久行此二者，可以化天下。"意思是，发现细微的征兆就有所作为，就不会晚。成功之后不据为己有，就不会被拘束。长久使用这两种方法，就可以获得成功。

## 【译文】

游说之人所说的言辞道理，如果想要对方认可听从，就必须合乎对方内心深处的情感需求，只有内心情感需求得到切合，才能被对方听取。因此，万物都是各归其类的。抱着木柴趋近于火堆，干燥的木柴就会率先被引燃；平坦的地上被倾注了水，湿润的地方就率先产生积水。摩情探测之法与自然界物以类聚的道理相通，只有在内情相通的情况下才可以具体实施。这里所说的内心真情实感与外部摩情探测相互呼应，就是这个道理。在运用摩情探测方法的时候，要以物以类聚的原理去感应对方。如果没有得到感应，那么再用顺从对方内心欲求的原理去引诱他，这样的话，对方哪里还不言听计从呢？所以说这样的技巧，只有圣人才能够灵活运用它。能够在看到事物细微的征兆之时就采取相应的行动，这样就不会错失时机；事情取得成功之后，就需要悄然隐退，不要把功劳都据为己有。长久地坚持这样做，才可以达到出神入化的成功地步。

# 权篇第九

## 题　解

陶弘景注：“权者，反复进却以居当也。”权，本意是秤砣、砝码，在此是指权衡、权重、比较。陶弘景此言，主要是指谋士在游说之时，应当进退有据，要做到“权”，就需要在反复进退之中保持自身始终处于正当中的位置。《太平御览》卷四六二引用本篇称作《量权》篇，即衡量、权重之意。

本篇《权篇》与第十篇《谋篇》是前后密切相关联的两篇，本篇把“权”作为第十篇“谋”的具体形式。战国时期，游士纵横列国，通过言辞论辩与察言观色而积极参与政治斗争，因此，如何展示自己的游说策略与技巧以达到自己的政治目的，是各位游士最重要的人生目标。

《权篇》就是在讨论游说的基本原理与具体技巧，因此可以说是关于游说的专论。本篇虽然是以“权”术的原理和技巧为主要探讨内容，但是具体涉及的方面则十分广博，既有关于游说原理的论述，又有关于游说言辞特征的分析，同时还有关于言辞使用方法的举例，以及关于因人而异的游说态度的探讨。并且，本篇在结构上大体可以分作三个部分：

首先，开篇先对“说”（也即游说）这一关键概念进行探讨和定义，并且提出了不同说辞的内容。文章开篇即是“说者，说之也；说之者，资之也”，是一种辨证的观念，分别从游说者一方与被游说者一方去探讨“说”的意义；同时，列举了佞言、谀言、平言、戚言、静言、病言、恐言、忧言、怒言、喜言等各类说辞，并且详细指出了以上各类说辞的具体特点或重要价值。

其次，主要探讨了游说时表达言辞的方法，并从“言其有利者”与“言其有害者”两个方面去作具体论述。

最后，详细探讨了游说时表达言辞的原则，以及针对不同游说对象所需要秉承的不同方法。其中，详细列举了与智者言、与博者言、与辩者言、与贵者言、与富者言、与贫者言、与贱者言、与勇者言、与愚者言等各类情形所需具体使用的方法。从而可见本篇对于游说的探讨的全面性与深入性。

## 【原文】

说者，说之也①；说之者，资之也②。饰言者，假之也③；假之者，益损也④。应对者，利辞也⑤；利辞者，轻论也⑥。成义者，明之也⑦；明之者，符验也⑧。言或反覆，欲相却也⑨。难言者，却论也；却论者，钓几也⑩。

【注释】

①“说”，游说。“说者”，即游说之人。“说之”，即游说、说服对方听从自己。

②“资”，资助。“资之”，帮助对方。这两句意思是，游说之人如果想要说服对方，就必须对他有所帮助。**陶弘景注：**“说者，说之于彼人也；说之者，所以资于彼人也。资，取也。”意思是，游说之人，在用言辞说服对方之时，是需要在游说过程中对被说服的人在言辞之上有所帮助。

③“饰言”，修饰言辞。在此需要指出的是，“饰言”一词，与此后语言“修辞”之意相等同。“饰言”，也就是对于游说的言辞进行修饰调整，以便使其能够达到最理想的效果。“假”，假借、借助。

④“益”，增加、增益。“损”，减损、减少。“益损”，在此是指游说时需要在语言上进行适当的增减。**陶弘景注：**“说者所以文饰言语，但假借以求入于彼，非事要也；亦既假之须有损益。故曰假之者，损益也。”意思是，游说之人之所以需要对自己的游说之词进行修饰，主要是因为想要借助这种修饰之辞打动对方；既然需要假借这种修辞，就需要在修辞的过程中进行适当的增减。

⑤“应对”，应答对方。“利辞”，敏利巧辩的言辞，在此也指权宜变化之辞或略显敷衍之辞。

⑥“轻论”，轻易得出的结论，在此是指论说言辞流于表面，不够深入。**陶弘景注：**“谓彼有所问，卒应而对之，

但便利辞也。辞务便利，故所论之事，自然利辞，非至言也。”意思是，如果对方有所疑问，就需要立马进行相应的回答应对。而应对之辞，则须随机应变，自然而然。

⑦“成义”，达成义理的言辞，在此是指申明表达义理的言辞。这两句的意思是，在游说申明自己义理时，必须要让对方相信自己，并且明白其中的道理。

⑧“符验”，符合、应验。**陶弘景注：**“核实事务以成义理者，欲明其真伪也；真伪既明则符验自著。故曰明之者符验也。”意思是，在游说过程中，如果想要使对方明白其中的道理，就需要通过举例来达到目的。并且，举例的真伪可以最终得到验证。

⑨“反覆”，往来反复，是指在游说申说的过程中，双方言辞往来反复进行辩论。“却”，退却。“欲相却也”，意思是，在游说辩论的过程中，意欲使对方打消疑虑而做出退却让步。**陶弘景注：**“言或不合反覆相难，所以却论前事也。”意思是，游说辩论的过程之中，言辞或有不合之处而造成不断反复、互相诘难，因此要想办法让对方做出让步。

⑩“却”，推却。“却论”，推却不接受对方的言论。“钓”，钓取、获得。“几”，细微、琐碎、隐秘。这几句的意思是，在双方进行论辩、诘难的过程之中，自己一方不能接受对方的各种言论，其实最主要的目的就是通过这种方法钓取获得对方最细微隐秘的事情。**陶弘景注：**“却论者，必理精而事明，几微可得而尽矣，故曰却论者钓几也。求其深

隐曰钓也。”意思是，想要不接受对方的言辞，必须道理精进而且事理明确，这样的话，细微隐秘的事情都可以得矣。

【译文】

所谓游说，就是想要说服对方；如果想要说服对方，就必须在言谈之中体现对于对方是有所帮助的。游说之人需要对自己的游说之词进行必要的修饰，并且借助这种修饰后的言辞去打动对方；既然需要假借这种修辞，就需要在修辞的过程中进行适当的增减，以便收到最佳效果。在应对对方即兴提出的问题时，就需要用权宜变化之词做出回答。然而通常这些应对之词，大多都是轻易得出的结论而流于表面，不够深入。而在游说申明自己义理之时，必须要让对方相信自己，并且明白其中的道理。因此，如果想要使对方明白其中的道理，就必须通过列举事实进行具体验证，否则难以使人相信。在游说申说的过程中，双方言辞往来反复进行辩论，这种辩论的目的是，使对方打消疑虑而退却让步。在双方进行论辩、诘难的过程中，自己一方不能接受对方的各种言论，其实最主要的目的就是通过这种方法钓取、获得对方最细微隐秘的事情。

【原文】

佞言者，谄而干忠[①]；谀言者，博而干智[②]；平言者，决而干勇[③]；戚言者，权而干信[④]；静言者，反而干胜[⑤]。先意承欲者，谄也[⑥]；繁称文辞者，博也[⑦]；纵舍不疑者，决也[⑧]；策选进谋者，权也[⑨]；先分不足以窒非者，反也[⑩]。

【注释】

①“佞（nìng）言”，为达到某种目的而发出的谄媚阿谀之词。“谄（tāo）”，在此应为“谄”，即阿谀奉承、谄媚巴结。“干忠”，博取忠臣之名。这两句的意思是，所谓“佞言”，就是通过阿谀奉承的言辞去谄媚巴结对方，以求博得忠良的美名。**陶弘景注：**“谄者，先意承欲以求忠名，故曰谄而干忠。”意思是，所谓“谄”，是先在情感上满足对方的欲求（言辞谄媚于人），而后博取忠臣的美名。

②“谀言”，阿谀奉承、华丽不实之言。“博”，本意是广博，在此引申为广泛地使用繁复、华丽的辞藻。**陶弘景注：**“博者繁称文辞以求智名，故曰博而干智。”意思是，通过繁复华丽的文辞为自己求取智慧的名声。

③“平言”，当机立断、直截了当的言辞。**陶弘景注：**“决者，纵舍不疑以求勇名，故曰决而干勇。”意思是，所谓决者，就是当机立断，不做犹疑不决之态，以求获得勇者的名声。

④“戚”，忧戚、忧虑。这两句的意思是，所谓“戚言”，就是故作忧戚或忧虑的样子而说出的伤感言辞，由此博取对方的同情，进而可以获得对方的信任。**陶弘景注：**“戚者忧也。谓象忧戚而陈言也。权者策选进谋，以求信名，故

曰权而干信。”意思是，所谓“戚者”，就是忧戚的意思，从表象上装作很忧戚的样子来表达自己的观点。这是为了权衡局势进而谋划，以赢得对方的信任。

⑤“静”，通“靖”，谋虑。“静言”，谋虑之言辞。**陶弘景注：**“静言者，谓象清净而陈言；反者，他分不足以窒非，以求胜名。故曰反而干胜。”意思是，所谓静言，就是通过谋略之言表达自己的观点；所谓“反”，就是指出对方的不足之处进行非难，从而达到辩驳胜利之名。

⑥“承”，本意承接，在此为顺承。

⑦“繁”，繁复、华丽。“称”，本意是称名，在此引申为引用之意。这两句意思是，广泛地引用繁复华丽的言辞，就是所谓的“博”了。

⑧“舍”，放弃、舍离。这两句的意思是，当机立断抛弃顾虑，不做犹疑不决之态，这就是所谓的“决”了。

⑨“策”，策略。这两句的意思是，根据具体情况的发展变化来选择相应的策略进行谋取游说，这就是所谓的“权”了。

⑩“窒”，阻塞、障碍。这两句意思是，在游说辩论的过程中，自己一方的理由不充分，但是反过来攻击对方的不足之处，导致对方成为有过错的一方，也就是所谓的“反”了。**陶弘景注：**“己实不足，不自知而内讼，而反攻人之过，窒他为非，如此者反也。”意思是，自己一方确实有很多不足之处，假装不知而争辩反攻对方之过，这就是“反”了。

【译文】

所谓“佞言”，就是通过阿谀奉承的言辞去谄媚巴结对方，以求博得忠良的美名。所谓“谀言”，就是广泛地使用繁复、华丽的辞藻为自己博取智慧的名声。所谓“平言”，就是用当机立断、直截了当的言辞打破犹豫不决的状态，以求获得勇者的名声。所谓“戚言”，就是故作忧戚或忧虑的样子而说出的伤感的言辞，由此博取对方的同情，进而可以获得对方的信任。所谓“静言”，就是通过谋略之言表达自己的观点，从而在自知不足的情况下指出对方的不足之处，以求获得辩论的最终胜利。在游说论辩过程中，需要率先预测到对方内心的意欲方向，然后在此基础上顺承对方的意欲方向去表达自己的观点，这就是所谓的“谄”了。广泛地引用繁复华丽的言辞，就是所谓的“博”了。当机立断抛弃顾虑，不做犹疑不决之态，这就是所谓的“决”了。根据具体情况的发展变化来选择相应的策略进行谋取游说，这就是所谓的“权”了。自己一方的理由不充分，但是反过来攻击对方的不足之处，导致对方成为有过错的一方，也就是所谓的“反”了。

【原文】

故口者，机关也，所以关闭情意也①。耳目者，心之佐助也，所以窥瞯奸邪②。故曰参调而应，利道而动③。故繁言而不乱，翱翔而不迷，变易而不危者，睹要得理④。故无目者，不可示以五色；无耳者，不可告以五音[5]。故不可以往者，无所开之也；不可以来者，无所受之也[6]。物有不通者，圣人故不事也[7]。古人有言曰："口可以食，不可以言。"[8]言者，有讳忌也[9]。"众口铄金"，言有曲故也[10]。

【注释】

①"机关"，机要、关键。这几句的意思是，人的嘴巴，是机要关键之处，是用来控制自己内心真情实意的地方。**陶弘景注**："口者，所以发言语，故曰机关也；情意宣否在于机关，故曰所以开闭情意也。"意思是，人的嘴巴，因为可以发出语言，所以说是机要关键之处；人的情意能否宣扬出来，在于关键的口，因此说口是打开或者关闭个人情意的地方。

②"佐助"，辅佐、辅助。"瞯（jiàn）"，窥视、偷看。**陶弘景注**："耳目者所以助心通理，故曰心之佐助也；心得耳目即能窥见间隙，见彼奸邪，故曰窥瞯奸邪也。"意思是，人的耳朵与眼睛，是心的辅助。人的心灵得到耳朵与眼睛的辅助之后就可以窥见间隙之处，察觉到奸邪之人。

③"参（sān）"，通"叁"，在此指人的耳朵、眼睛、心灵三处。"调"，相互调和、配合。这两句意思是，人的耳朵、眼睛、心灵三处地方是需要相互调和而应的，并且由此选择有利的途径才可以进行具体的行动。**陶弘景注**："耳目心三者调和而相应，则动必成功，吉无不利，其所以无不

利者，则以顺道而动，故曰参调而应，利道而动也。”意思是，人的耳朵、眼睛、心灵三者相互调和运用，则必然会获得成功，并且无往而不利。如果有不利的地方，就需要顺应规律而做相应的调整改动。

④“翱翔”，本意是像鸟一样自由飞翔，在此引申为自由翱翔或自由行动。“危”，通“诡”，诡诈、欺骗。**陶弘景注：**“苟能睹要得理，便可曲成不失。故虽繁言纷葩而不乱，翱翔越道而不迷，变易改当而不危也。”意思是，游士在论辩游说的过程中，如果能够抓住核心要理，便不会失败。因此，即便有各种纷繁的言辞出现也不会错乱，如同自由翱翔一般，即便超越轨道也不会迷失方向，情况有所变更也不会被欺骗。

⑤“五色”，即青、黄、赤、白、黑五种颜色，在此泛指各种颜色。“五音”，即宫、商、角、徵、羽五种音调，在此泛指各种声音。这几句意思是，对于没有眼睛的人（失明者）而言，是不可以给他出示以青、黄、赤、白、黑五色为代表的各类颜色的；对于没有耳朵的人（失聪者）而言，是没办法告诉他以宫、商、角、徵、羽五音为代表的各种音调的。**陶弘景注：**“五色为有目者施，故无目者不可得而示。五音为有耳者而作，故无耳者不可得而告。此二者为下文分也。”意思是，五色是给有眼睛的人准备的，因此对于失明者是没办法给他出示的。五音是给有耳朵的人准备的，因此对于失聪者是不可以告知的。

⑥“往”，前往，即前去游说对方。“来”，即让对方前来游说。**陶弘景注：**“此不可以往说于彼者，为彼暗滞，无所可开也；彼所以不来说于此者，为此浅局无所可受也。”意思是，如果不前去游说对方，那么对方的内心没办法得到真正的了解。如果不让对方前来游说，也就得不到对方的想法。

⑦“事”，从事、彼此双方这样的事情。**陶弘景注：**“夫浅局之与暗滞，常闭塞而不通，故圣人不事也。”意思是，因由浅显交流而带来的停滞，常常使得双方信息闭塞不通，因此圣人不会做这样的事情。

⑧这句话的意思是，古人有句话这样说：“嘴巴可以用来吃饭，但是不可以用来随便说话。”**陶弘景注：**“口食可以肥百体，故可食也；口言或有招百殃，故不可以言也。”意思是，用嘴巴吃东西是可以让身体更加健壮的，因此口可以吃；但是用嘴巴来说话就可能招来各种祸端，因此嘴巴是不能乱说话的。

⑨这句话的意思是，说话要有所顾忌，以免触犯别人的忌讳。**陶弘景注：**“言者触忌讳，故曰有忌讳也。”意思是，说出来的话，可能会触犯别人的忌讳。

⑩“曲”，歪曲。这两句的意思是，所谓“众口铄金”，就是众口一词就可以销毁金属，这是众人说话时可能怀有私心而存在歪曲的缘故。**陶弘景注：**“金为坚物，众口能铄之，则以众口有私曲故也。故曰言有曲故也。”意思是，金属是十分坚固的东西，但是众人之口可以销毁它，这是因为众人

说话时怀有私心而存在歪曲的缘故。

【译文】

所以说，人的口，是机要关键之处，是用来控制自己内心真情实意的地方。人的耳朵与眼睛，是人心灵的辅佐帮助。当人的心灵有了耳朵与眼睛的佐助之后，就可以由此窥测到奸邪之人。因此，人的耳朵、眼睛、心灵三处地方是需要相互调和而应的，并且由此选择有利的途径才可以进行具体的行动。所以，游士在论辩游说的过程中，即便会有各种纷繁的言辞出现也不会错乱，可以自由行动而不会迷失原来的方向，情况有所变化也不会被欺骗。这是因为他们可以看清其中的要点而找到对应的道理。因此，对于没有眼睛的人（失明者）而言，是不可以给他出示以青、黄、赤、白、黑五色为代表的各类颜色的；对于没有耳朵的人（失聪者）而言，是没办法告诉他以宫、商、角、徵、羽五音为代表的各种音调的。因此，如果不去对方那里游说，就不会打开对方的内心而得到他真实的情感；如果不让对方前来游说，也就不会得到对方具体的想法。双方的信息闭塞不通，这是圣人所不愿意做的事情。古人有句话这样说："嘴巴可以用来吃饭，但是不可以用来随便说话。"说话要有所顾忌，以免触犯别人的忌讳。所谓"众口铄金"就是众口一词就可以销毁金属，这就是因为众人说话时可能怀有私心而存在歪曲。

【原文】

人之情，出言则欲听，举事则欲成[①]。是故智者不用其所短，而用愚人之所长[②]；不用其所拙，而用愚人之所工，故不困也[③]。言其有利者，从其所长也[④]；言其有害者，避其所短也[⑤]。故介虫之捍也，必以坚厚[⑥]；螫虫之动也，必以毒螫[⑦]。故禽兽知用其长，而谈者亦知其用而用也[⑧]。

【注释】

①“人之情”，人之常情。这几句意思是，人之常情，就是希望说出来的话能够被人听从，所做的任何事情能够得到成功。**陶弘景注**：“可听在于合彼，可成在于顺理。此为下起端也。”意思是，游说之词之所以被对方接受，是因为合于对方的内心，事情之所以成功，是因为顺应事理的发展。这是为下文所做的铺垫。

②“短”，短处。“长”，长处。这两句意思是，聪明智慧的人总会设法避免自己身上的短处，而利用愚笨之人身上的长处。

③“拙”，笨拙，在此引申为不擅长，与“工”相对，“工”，擅长。这几句意思是，聪明智慧的人总会设法避免自己不擅长的地方，而利用愚笨之人所擅长的地方。**陶弘景注**：“智者之短，不胜愚人之长；智者之拙，不胜愚人之工。常能弃此拙短而用彼工长，故不困也。”意思是，聪明智慧之人的短处，比不过愚笨之人的长处；聪明智慧之人的拙

处，比不过愚笨之人的擅长之处。因此，如果能够做到扬长避短，就不会陷入困境。

④“长”，长处。这两句意思是，人们经常说到某个事物是有利的，那是因为是从它的优长之处来看待它。

⑤这句话的意思是，人们经常说到某个事物是有害的，那是因为是从它的短处来看待它。**陶弘景注：**“人能从利之所长，避害之所短，故出言必见听，举事必成功也。”意思是，如果人能够顺从利益之所长，避免害处之所短，说出来的话就会被听从，所做的事情就一定能够成功。

⑥“介虫”，有甲壳的虫子。“捍”，捍卫、保护。这两句意思是，带有甲壳的虫子在捍卫自己的时候，一定要用坚固厚实的外壳。

⑦“螫（shì）”，毒虫的尾刺。“螫虫”，带毒刺的虫。这两句意思是，带毒刺的虫子在发动攻击的时候，必定要使用它的毒刺。

⑧“谈者”，游说之人。这两句意思是，禽兽都知道使用自身优长之处来趋利避害，所以游士在游说时也应该知道自己的优长之处并灵活运用。**陶弘景注：**“言介虫之捍也，入坚厚以自藏，螫虫之动也，行毒螫以自卫，此用其所长，故能自免于害，至于他鸟兽，莫不知用其长，以自保全。谈者感此，亦知其所用而用也。”意思是，介虫自我捍卫，是使用坚厚的外壳来保护自己，带刺的毒虫在发动攻击的时候，依靠毒刺来进行自我捍卫，这都是使用自身优长之处来避免

于害的。至于说其他各类鸟兽，没有不知道使用自身长处以保全自己的。游说之人看到这里也应有感，知道使力的方向而灵活使用。

【译文】

所谓人之常情，就是希望说出来的话能够被人听从，所做的任何事情都希望能够成功。所以说，聪明智慧的人总会设法避免自己身上的短处，而利用愚笨之人身上的长处。聪明智慧的人总会设法避免自己不擅长的地方，而利用愚笨之人所擅长的地方。所谓扬长避短，就不会陷入困境。人们经常说到某个事物是有利的，那是因为是从它的优长之处来看待它。人们经常说到某个事物是有害的，那是因为是从它的短缺之处来看待它。带有甲壳的虫子在捍卫自己的时候，一定要用坚固厚实的外壳。带毒刺的虫子在发动攻击的时候，必定要使用它的毒刺。禽兽都知道使用自身优长之处来趋利避害，所以游士在游说时，也应该知道自己的优长之处并灵活使用。

【原文】

故曰辞言有五：曰病、曰恐、曰忧、曰怒、曰喜[①]。病者，感衰气而不神也；恐者，肠绝而无主也；忧者，闭塞而不泄也；怒者，妄动而不治也；喜者，宣散而无要也[②]。此五者，精则用之，利则行之[③]。故与智者言，依于博；与博者言，依于辨；与辨者言，依于要；与贵者言，依于势；与富者言，依于高；与贫者言，依于利；与贱者言，依于谦；与勇者言，依于敢；与愚者言，依于锐④。此其术也，而人常反之⑤。

【注释】

①“辞言”，应该自觉摒弃或辞去之言。这几句意思是，应该自觉摒弃或辞去的话语主要有五类：病言、恐言、忧言、怒言、喜言。**陶弘景注：**“五者有一，必失中和而不平畅。”意思是，病言、恐言、忧言、怒言、喜言，这五者如果存在其一的话，就必然会导致游说失和而不顺畅。

②“衰”，气馁。“无主”，没有任何主见。“闭塞”，内心郁闷而不愿意与人交流。“妄动”，因为怒火发动而内心躁动不安。“宣散”，随意宣泄发散。“无要”，没有要点。**陶弘景注：**“病者恍惚，故气衰而言不神也；恐者内动，故肠绝而言无主也；忧者快悒，故闭塞而言不泄也；怒者郁勃，故妄动而言不治也；喜者摇荡，故宣散而言无要也。”意思是，病言恍恍惚惚，听完之后让人感到衰颓气馁而没有任何精神。恐言让人内心不安，听完之后感到肠子断绝而没有任何主见。忧言让人抑郁不乐，听完之后感到内心抑郁闭塞而不愿意再去与人疏通交流。怒言让人躁动蓬勃，听完之后感到怒火发动而内心躁动不安，从而难以自制。喜言让人神情摇荡，听完之后心意疏散而不得要领。

③“精”，精神、精气。**陶弘景注：**“此五者既失其平

常，故用之在精，而行之在利。其不精利则废而止之也。”意思是，以上五种情况既然是不同寻常情况才会发生的，因此就需要等人的精气通达之后才可以使用，这样才能在有利的情况下施行。如果是精气不顺或不利的情况下则需要废止。

④“博”，广博、渊博。“辨”，分辨、辨析。“要”，要领、要点。“势”，势力、权势。“高”，高看、尊重。“利”，利益。“谦”，谦和、谦卑。“敢”，果敢、果断。“锐”，细微、细小。这十八句的意思是，与智慧之人交谈说话，就要凭借渊博的知识储备；与知识渊博之人交谈说话，就要凭借擅长辨析事理；与擅长辨析事理的人交谈说话，就要努力抓住其中的要点；与达官显贵之人交谈说话，就要围绕权势这类话题；与富有之人交谈说话，就要存有尊重之意；与贫穷之人交谈说话，就要从可能带给他的利益角度出发；与地位低下之人交谈说话，就要尽量的态度谦和；与勇敢之人交谈说话，就要尽量显得果敢果断；与愚笨之人交谈说话，就要从细微之处着手。

⑤“反”，违反。这两句意思是，以上这些就是游说言谈的具体方法了，但是普通人常常违反这些原则。**陶弘景注：**“此量宜发言，言之术也。不达者反之，则逆理而不免于害也。”意思是，以上九种情况就是游说言谈的具体方法，需要适度运用。能力达不到的人常常违反这些原则，因此有悖于具体原理而有害无益了。

【译文】

所以说，应该自觉摒弃或辞去的话语主要有五类：病言、恐言、忧言、怒言、喜言。所谓病言，就是让人听完之后感到衰颓气馁而没有任何精神；所谓恐言，就是让人听完之后感到害怕到肠子断绝而没有任何主见；所谓忧言，就是让人听完之后感到内心抑郁闭塞而不愿意再去与人沟通交流；所谓怒言，就是让人听完之后感到怒火发动而内心躁动不安，从而难以自制；所谓喜言，就是让人听完之后神情摇荡、心意疏散而不得要领。以上五种情况，需要等人的精气通达之后才可以使用，只是在有利的情况下才可以施行。因此，与智慧之人交谈说话，就要凭借渊博的知识储备；与知识渊博之人交谈说话，就要凭借擅长的辨析事理；与擅长辨析事理的人交谈说话，就要努力抓住其中的要点；与达官显贵交谈说话，就要围绕权势这类话题；与富有之人交谈说话，就要存有尊重之意；与贫穷之人交谈说话，就要从可能带给他的利益角度出发；与地位低下之人交谈说话，就要尽量地态度谦和；与勇敢之人交谈说话，就要尽量显得果敢果断；与愚笨之人交谈说话，就要从细微之处着手。以上这些就是游说言谈的具体方法了，但是普通人常常违反这些原则。

【原文】

是故与智者言，将以此明之[①]；与不智者言，将此以教之，而甚难为也[②]。故言多类，事多变[③]。故终日言，不失其类而事不乱[④]。终日不变而不失其主[⑤]，故智贵不妄[⑥]。听贵聪，智贵明，辞贵奇[⑦]。

【注释】

①“明”，明白，在此作动词用，即使人明白。这两句意思是，因此而言，在跟聪明智慧的人进行交谈说话时使用这些方法，将使他很容易明白其中的道理。

②“教”，教授。“为”，作为，在此可引申为成功。**陶弘景注：**“与智者语，将以明斯术；与不智者语，将以此术教之。然人迷日久，教之不易，故难为也。”意思是，和聪明智慧的人交谈，就很容易让他明白其中的道理；与不聪明的人交谈，用此方法教他，反而让他更加迷惑，因此是很难办到的。

③“类”，种类、类别。这两句意思是，言辞交谈有很多种类别，事情也有各种变化。

④“类”，种类。这两句意思是，因此，即便是整日在进行言辞交谈，只要可以找到不同种类的言辞进行游说，那么事情的发展也就不会混乱。**陶弘景注：**“言者条流舛杂，故多类也；事则随时而化，故多变也。若言不失类，则事亦不乱也。”意思是，言辞交谈诸多繁杂，所以说是多类；事情是随时变化的，所以说是多变。如果言辞不失其类，那么事情发展也不会混乱。

⑤“主”，主旨、主题。这句意思是，整日言辞交谈的内容没有发生变化，也就不会因此失去应有的主旨。**陶弘景注：**“不乱故不变，不变故存主有常。”意思是，没有混乱就不会有太大变化，没有太大变化所以就不会失去主旨。

⑥“不妄”，不妄动。此句意思是，智慧的难能可贵之处就在于可以遵循常有的原理而不会轻举妄动。**陶弘景注：**“能令有常而不变者，智之用也，故其智可贵而不忘也。”“忘”，即妄。意思是，能够使得常有的道理没有太大变化的，就是智慧所用的地方，因此可以看出智慧所用之处不会妄动。

⑦“聪”，耳聪，听觉灵敏。这几句意思是，听觉贵在灵敏，智慧贵在明辨，言辞贵在精奇。**陶弘景注：**“听聪则真伪不乱，知明则可否自分，辞奇则是非有诠。三者能行则功成事立。故须贵也。”意思是，听觉灵敏则真假不会紊乱，智慧聪明则是否可行就能够自我分辨，言辞精奇则是非都会得到诠释。以上三者能够施行就可以获得成功。

## 【译文】

因此而言，在跟聪明智慧的人进行交谈说话时使用这些方法，将使他很容易明白其中的道理。与不聪明的人交谈说话，用此方法教他，是很难办到的。言辞交谈是有很多种类的，事情也是有各种变化的。因此，即便是整日在进行言辞交谈，只要可以找到不同种类的言辞进行游说，那么事情的发展也就不会混乱。整日言辞交谈的内容没有发生变化，也就不会因此失去应有的主旨。所以说，智慧的难能可贵之处就在于，可以遵循常有的原理而不会轻举妄动。听觉贵在灵敏，智慧贵在明辨，言辞贵在精奇。

# 谋篇第十

## 题 解

“谋”，计谋、谋策、谋虑之意。《太平御览》卷四六二引用本篇称作《谋虑》篇，即计谋、策划之意。

本篇《谋篇》与第九篇《权篇》是前后密切相关联的两篇，本篇把“谋”作为第九篇“权”之具体内容。战国时期，游士纵横列国，以《权篇》作为游说技巧的具体指导，而以《谋篇》作为献策内容的具体指导。两篇相互结合，可以看出游士对于权谋之术的深入探讨与具体把握。

《谋篇》主要是讨论关于计谋策略的事先准备、施行对象、具体方法与主要原则等，因此，可以说是关于谋略的专论。本篇就是围绕以上四个方面展开讨论的。具体而言：

其一，关于计谋策略的事先准备。本篇开篇即言：“凡谋有道，必得其所因，以求其情。”也就是说，所有的计谋策划都需要遵循一定的规律，要追寻它所可能产生的原因以及具体情况的进展，才有可能获得成功。随后在此论说基础之上，提出了“三仪”，即计策中的上策、中策、下策三种情况。对于这三种情况，需要根据它所可能实施的具体情形做最终确定。

其二，关于计谋策略的施行对象。计谋策略的制定与施行是需要根据具体对象进行相应的针对性调整的。具体讨论了关于仁人、勇士、智者、愚者、不肖者、贪者、强者等不同对象的相应计谋策划方法，因此，使得计谋策略更具准确性与针对性。

其三，关于计谋策略的具体方法。“因”是制定计谋策略所要遵循的具体方法。所谓“因”就是因势利导、顺应变化之意。应该指出的是，“因”是先秦诸子百家都比较热衷于讨论的话题，《慎子·因循》篇、《孙子兵法·虚实》篇、《吕氏春秋·决胜》篇等，都有关于“因”的讨论。这种普遍性热衷因势利导、对于遵循规律的探讨，反映出先秦诸子百家对自然规律的深入关注。

其四，关于计谋策略的主要原则。篇中总结关于计谋策略的主要原则为：“故圣人之道阴，愚人之道阳。”所谓“阴”，即暗中、潜藏之意，切忌在谋策之时不慎外泄机密。综上可知，本篇是关于计谋策略的具体阐释。

**【原文】**

凡谋有道，必得其所因，以求其情[①]。审得其情，乃立三仪[②]。三仪者：曰上，曰中，曰下[③]。参以立焉，以生奇[④]。奇不知其所雍，始于古之所从[⑤]。故郑人之取玉也，载司南之车，为其不惑也[6]。夫度材量能揣情者，亦事之司南也[7]。

【注释】

①“道”，规律。“因”，规律所要遵循发展的途径。这几句意思是，凡是计谋策划，都有一定的规律，一定要根据它的规律进行发展，并且根据它所处的具体情境进行考量。**陶弘景注：**“得其所因，则其情可求；见情而谋，则事无不济。”意思是，在计谋策划时，必须遵循其中的规律，根据具体的情况才可以谋求；而在根据具体情况进行谋求之后，则凡事就没有不成功的了。

②“审”，审视、审察。“仪”，法度、准则。这两句意思是，审察得知它的具体情况之后，计划设立三种不同标准的计策。

③这句话的意思是，这三种不同标准的计策，分别是：上策、中策、下策。

④“参”，相互参照、比较。这两句意思是，将上策、中策、下策三种计策相互参照比较，然后确立具体使用哪一种计策，这样奇谋妙计就产生了。**陶弘景注：**“言审情之术，必立上智、中才、下愚。三者参以验之，然后奇计可得而生。”意思是，所谓的审察情势之术，必定依据上智、中才、下愚而设立，三者相互参照验证，然后才会产生奇谋妙计。

⑤“雍”，通“壅”，堵塞不通。“从”，从事、实践。**陶弘景注：**“奇计既生，莫不通达，故不知其所壅蔽。

然此奇计，非自今也，乃始于古之顺道而动者，盖从于顺也。”意思是，奇谋妙计就此产生之后，不会有任何堵塞，无往而不胜。但是这种奇谋妙计并非今日才产生的，而是自古以来顺应事物客观规律根据具体实践所制定的。

⑥“司南之车”，指南车、指南针之意。“惑”，迷惑，在此引申为迷路。这几句意思是，郑国人去山中采玉的时候，需要驾着指南车，目的就是不让自己迷路。

⑦“夫”，发语词，没有实际意义。“度材”，揣度对方的才干。“量能”，衡量对方的能力。“揣情”，揣测对方的内心实情。这两句意思是，揣度对方的才干、衡量对方的能力、揣测对方的内心实情，这些就是处理事情制定计谋的指南针。

## 【译文】

凡是计谋策划，都有一定的规律，一定要根据它的规律因循发展，并且根据它所处的具体情境进行考量。审察得知它的具体情况之后，然后计划设立三种不同标准的计策。这三种不同标准的计策，分别是上策、中策和下策。将上策、中策、下策三种计策相互参照比较，然后最终确立具体使用哪一种计策，这样奇谋妙计就产生了。奇谋妙计产生以后无往而不胜，不会有任何堵塞，但是这种妙计并非今日才产生的，而是自古以来顺应事物客观规律，根据具体实践制定的。因此，郑国人去山中采玉的时候，就需要驾着指南车，目的就是不让自己迷路。揣度对方的才干、衡量对方的能力、揣测对方的内心实情，这些就是处理事情制定计谋的指南针。

【原文】

故同情而相亲者，其俱成者也①；同欲而相疏者，其偏害者也②。同恶而相亲者，其俱害者也③；同恶而相疏者，偏害者也④。故相益则亲，相损则疏。其数行也，此所以察异同之分也⑤。故墙坏于其隙，木毁于其节，斯盖其分也⑥。故变生事，事生谋，谋生计，计生议，议生说，说生进，进生退，退生制⑦。因以制于事，故百事一道而百度一数也⑧。

【注释】

①“情”，欲望、目的。这两句意思是，因此而言，有共同的欲望或目的而相互亲近的人，就会在共同目的的驱使下相互合作并最终获得成功。

②“偏害”，其中一方受到伤害。这两句意思是，有共同欲望或目的双方相互疏离的话，其中一方就会受到伤害。**陶弘景注：**“同情，谓欲共谋立事，事若俱成，后必相亲。若乃一成一害，后必相疏，理之常也。”意思是，所谓“同情”，就是想要共同谋划一件事情，如果事情成功了，那么此后双方必定相互亲近；如果一方成功，一方失败，那么此后双方必定相互疏远，这也是常有之理。

③“恶”，憎恶、仇恨。这两句意思是，双方本来相互憎

恶仇恨而又要相互亲近的话，那么将会使双方都受到伤害。

④这句话的意思是，相互厌恶的双方如果还相互疏离的话，那么其中一方将会受到伤害。**陶弘景注**："同恶，谓同为彼所恶。后若俱害，情必相亲，若乃一全一害，后必相疏，亦理之常也。"意思是，所谓"同恶"，就是同为对方所厌恶、憎恨。如果此后双方同时被伤害，那么他们就会相互亲近，如果一方被伤害另一方被保全，那么此后双方必然相互疏离，这也是常有之理。

⑤"损"，损害、损伤，在此引申为冲突。"数"，术，在此引申为计策。这几句意思是，所以说，双方如果有共同利益就会相互亲近，双方如果有相互冲突就会变得疏离。一个计策如果要施行的话，就需要看到双方之间同异之分。**陶弘景注**："异同之分，用此而察。"意思是，事物间的同异区分，使用这种方法就可以察明。

⑥"隙"，间隙，在此引申为裂缝。"节"，枝节，也指树木枝干的交界之处。这几句意思是，因此，墙壁通常从它的裂缝之处开始毁坏，树木通常从它的枝节交叉之处开始摧毁，裂缝与枝节就是它们的分界之处。**陶弘景注**："墙木坏毁，由于隙节，况人事之变生于异同，故曰斯盖其分也。"意思是，墙壁或者树木的毁坏，是因为它们的裂缝或者枝节。而人事变化的异同也与此相似，所以说是从它们的分界之处产生的。

⑦"事"，在此指事物变化过程中产生的新问题。

“议”，议论，交谈。“说”，游说。“制”，制定好的方案。这几句的意思是，万事万物都是在不断变化发展的，变化发展之中产生新的问题，为了解决新的问题就需要谋略，为了制定新的谋略就需要不断计划，为了形成新的计划就需要交谈议论，交谈议论就会有相关的游说，有了相关的游说就可以使事情朝着新的方向进取发展，事情朝着新的方向发展了就需要留出相关的退路，如果连退路都想好了，那么这个方案也就制定完成了。

⑧“制”，制订计划。这几句意思是，因此根据事情而制定相应的策略，而各种事情在道理上都是一样的。**陶弘景注**：“言事有根本，各有从来，譬之卉木，因根而有枝条花叶，故因变隙，然后生于事业。事业者，必须计谋成；计谋者，必须议说；议说者，必有当否。故须进退之。既有黜陟，须别事以为法，而百事百度，何莫由斯而至。故其道数一也。”意思是，所有的事物都有自己的根本所在，如花卉草木，从根而生出枝条、花卉与叶子，又因为发生变化与枝节，然后有了新的发展方向。当事情有新的发展方向，就需要计划谋虑，而计划谋虑又需要议论游说；议论游说，必定有恰当与否，所以需要进退有据。因此，各种事情道理都是一样的。

## 【译文】

因此而言，有共同的欲望或目的而相互亲近的人，就会在共同目的的驱使下相互合作并最终获得成功。有共同的欲望或目的而相互疏离的话，其中一方就会受到伤害。双方本来相互憎恶而又想要相互亲近的话，将会使双方都受到伤害。共同厌恶的双方如果相互疏离的话，那么其中一方将会受到伤害。所以说，双方如果有共同利益就会相互亲近，双方如果相互冲突就会变得疏离。一个计策如果要运行的话，就需要看到双方之间的同异之分。墙壁通常从它的裂缝之处开始毁坏，树木通常从它的枝节交叉之处开始摧毁，裂缝与枝节就是它们的分界之处。万事万物都是在不断变化发展的，变化发展之中产生新的问题，为了解决新的问题就需要谋略，为了制定新的谋略就需要不断计划。为了形成新的计划，就需要交谈议论，为了交谈议论就会有相关的游说。有了相关的游说就可以使事情朝着新的方向进取发展，事情朝着新的方向发展了，就需要留出相关的退路。如果连退路都想好了，那么这个方案也就制定完成了。因此，根据事情而制定相应的策略，各种事情在道理上都是一样的。

## 【原文】

夫仁人轻货，不可诱以利，可使出费[①]；勇士轻难，不可惧以患，可使据危[②]；智者达于数，明于理，不可欺以不诚，可示以道理，可使立功[③]，是三才也[④]。故愚者易蔽也，不肖者易惧也，贪者易诱也，是因事而裁之[⑤]。故为强者，积于弱也[⑥]；为直者，积于曲也[⑦]；有余者，积于不足也[⑧]。此其道术行也[⑨]。

【注释】

①“夫”，发语词，无实义。“货”，财货、财物。“轻货”，轻视财货、财物。“费”，花费，在此引申为经费、财物。这几句意思是，仁义道德之人把财货看得很轻，因此不可以用物质利益去引诱他，但是可以使他自己提供财物。

②“难”，灾难、灾祸。“轻难”，看轻灾难，不惧灾难。“危”，本意是危险，在此引申为险要的地方。“据危”，占据险要的地方。这几句意思是，勇猛之士是不惧怕灾难的，因此不可以用灾祸来让他感到惧怕，但是可以使他占据险要的地方去解除灾祸。

③“达”，通达。“数”，通“术”，方法。这几句意思是，聪明智慧之人通达各类方法，明白各种道理，因此不可以用欺骗的方式获取他的信任，但是可以和他讲道理，使他建立功勋。

④“三才”，仁人、勇士、智者三种类型的人才。此句意思是，以上仁人、勇士、智者三种类型的人才要各尽其用。**陶弘景注**：“使轻货者出费，则费可全；使轻难者据危，则危可安；使达数者立功，则功可成。总三才而用之，可以光耀千里，岂徒十二乘而已。”意思是，让看轻财货之人提供花费，那么所有的费用就会齐全；让看轻灾祸之人据守险要之地，那么就可以转危为安；让通达明理之人去建功立业，那么功业就可以成功。综合这三种类型的人才而使用他们，可以光耀千里，而不仅仅是为了坐十二乘的车。

⑤“裁”，裁夺。这几句意思是，愚蠢的人容易受到蒙蔽，没有才干的人容易感到害怕，生性贪婪的人容易受到诱引，这就需要根据不同的情况采取不同的谋略。**陶弘景注：**“以此三术驭彼三短，可以立事立功也。谋者因事兴虑，宜知而裁之。故曰因事裁之。”意思是，使用以上三种方法来弥补相应的短处，那么所图之事就可以成功了。谋事之人随着事情变化的规律而思考，并且适宜地做出裁夺，所以叫作因事而裁之。

⑥“积”，积累。这两句意思是，因此而言，强者都是从弱小一步一步积累而来的。

⑦这句话的意思是，平直都是从弯曲一点一点积累而来的。

⑧这句话的意思是，盈余都是从不足一点一点积累而来的。

⑨“道术”，即权谋之术。此句意思是，懂得以上这些道理，就可以具体实行权谋之术了。**陶弘景注：**“柔弱胜于刚强，故积弱可以为强大；直若曲，故积曲可以为直；少则可以得众，故积不足可以为有余，然则以弱为强，以曲为直，以不足为有余，斯道术之所行，故曰道术行也。”意思是，柔弱可以比刚强更厉害，所以累积柔弱就会变得更加强大；平直是可以从弯曲之中累积的，盈余是可以从不足之中累积的，懂得其中的道理，就可以把握住道术了。

## 【译文】

仁义道德之人把财货看得很轻，因此不可以用物质利益去引诱他，但是可以使他自己提供财物；勇猛之士是不惧怕灾难的，因此不可以用灾祸来让他感到惧怕，但是可以使他去占据险要的地方去解除灾祸；聪明智慧之人通达各类方法，明白各种道理，因此不可以用欺骗的方式获取他的信任，但是可以和他讲道理，使他建立功勋。以上仁人、勇士、智者三种类型的人才要各尽其用。所以说，愚蠢的人容易受到蒙蔽，没有才干的人容易感到害怕，生性贪婪的人容易受到引诱，这就需要根据不同的情况采取不同的策略。因此，强者都是从弱小一步一步积累而来的，平直都是从弯曲一点一点积累而来的，盈余都是从不足一点一点积累而来的。懂得以上这些道理，就可以具体实行权谋之术了。

## 【原文】

故外亲而内疏者，说内①；内亲而外疏者，说外②。故因其疑以变之③，因其见以然之④，因其说以要之⑤，因其势以成之⑥，因其恶以权之⑦，因其患以斥之⑧。摩而恐之，高而动之，微而证之，符而应之，拥而塞之，乱而惑之，是谓计谋⑨。

## 【注释】

①“疏”，疏远。此句意思是，所以说那些外表看上去亲热而内心疏远的人，要从他们的内心深处去着手游说。

②这句话的意思是，那些内心亲热而外表看上去疏远的人，要从外表着手去游说他们。

③“因”，因循、顺着。“疑”，怀疑、疑惑。此句意思是，如果对方产生了怀疑，那就顺着他的怀疑而改变具体的策略。

④“见”，看到的内容。此句意思是，如果对方看见了，那就顺着他所看到的内容去肯定他。

⑤“要”，要点、观点。此句意思是，如果对方开始表达自己的观点了，那就要顺着对方的观点去附和他。

⑥“成”，成全。此句意思是，如果对方已经形成了自己的情势，那就要顺着他的情势去成全他。

⑦“权”，权谋，这里作动词，谋划。此句意思是，如果对方有其所厌恶憎恨的事物，那就要顺着他所厌恶的事物为他谋划。

⑧“斥”，排斥、排解。此句意思是，如果对方有隐忧祸患，那就要顺着他的隐忧为他排解。**陶弘景注**：“若内外无亲而怀疑者，则因其疑以变化之；彼或因变而有所见，则因其所见以然之。既然见彼或有可否之说，则因其说以要结之；可否既形，便有去就之势，则因其势以成就之。去就既成，或有恶患，则因其恶也为权量之，因其患也为斥除之。”陶弘景此注的意思综合而言，就是要顺应对方的变化而变化，因循对方的需求而制定相应的策略。

⑨“微”，衰微、衰败。“证”，同“正”，纠正。

“拥”，通“壅”，堵塞。**陶弘景注：**“患恶既除，或恃胜而骄者，便切摩以恐惧之，高危以感动之。虽恐动之，尚不知变者，则微有所引，据以证之，为设符验以应之也。虽为设引据符验，尚不知变者，此则惑深不可救也；便拥而塞之，乱而惑之，因抵而得之，如此者，可以为计谋之用也。”意思是，祸患隐恶既然已经清除，有的人就会仗着自己的胜利而骄傲，因此就需要通过“摩”的方法让他感到恐惧害怕，或者将他置于高位而让他感到危险。虽然他可能感到恐惧或者危险，但还是不知道变通的话，就需要对他的衰微进行引导，并设计符验而让它应验。如果已经设计符验，还尚且不知道变通的话，那就说明迷惑太深无可救药了。这就需要蒙蔽他、迷惑他，从而达到目的。像这样的方法，就是计谋了。

## 【译文】

所以说那些外表看上去亲热而内心疏远的人，要从他们内心深处去着手游说。那些内心亲热而外表看上去疏远的人，要从外表着手去游说他们。如果对方产生了怀疑，那就顺着他的怀疑而改变具体的策略。如果对方看见了，那就顺着他所看到的内容去肯定他。如果对方开始表达自己的观点了，那就要顺着对方的观点去附和他。如果对方已经形成了自己的情势，那就要顺着他的情势去成全他。如果对方有厌恶憎恨的事物，那就要顺着他所厌恶的事物为他谋划。如果对方有隐忧祸患，那就要顺着他的隐忧为他排解。通过

"摩"的方法使他感到恐惧害怕，将他置之高位让他感到动摇不安，让他不断衰微进而纠正引导他，给他设计符验并最终应验，不断拥堵、蒙蔽他的视听，使他感到迷惑混乱，这些就是所谓的计谋了。

【原文】

计谋之用，公不如私，私不如结，结比而无隙者也[①]。正不如奇，奇流而不止者也[②]。故说人主者，必与之言奇[③]；说人臣者，必与之言私[④]。其身内其言外者疏，其身外其言深者危[⑤]。无以人之所不欲，而强之于人[⑥]；无以人之所不知，而教之于人[⑦]。人之有好也，学而顺之[⑧]；人之有恶也，避而讳之[⑨]。故阴道而阳取之也[⑩]。

【注释】

①"公"，公开。"私"，私下。"结"，缔结、结连。这几句意思是，计谋使用的过程中，公开计谋不如私下计谋，私下计谋不如双方缔结同心而谋，这样的缔结而谋可以使双方亲密而毫无间隙。**陶弘景注：**"公者扬于王庭，名为聚讼，莫执其咎，其事难成；私者不出门庭，慎密无失，其功可立。故曰公不如私。虽复潜谋，不如与彼要结。二人同心，物莫之间，欲求其隙，其可得乎？"意思是，公开的计谋是在王庭之上张扬开的，所以称为辩论，没有办法抓住他们的过错，所以所谋之事就很难成功。私下的计谋是不会出

门庭的，所以谋划是十分谨慎密谋的，因此可以成功。公开的谋划不如私下秘密地谋划。然而即便是私下的谋划，也不如彼此交心结约。二人一旦同心协力了，如果别人想要再来寻求你们之间的嫌隙，就不可得了。

②“流”，流水，在此指如流水一般不停止。这两句意思是，遵守常道使用计谋不如出其不意地使用奇谋妙计，奇谋妙计一旦实行就如流水一般不会停止了。**陶弘景注：**“正者循理守常，难以速进；奇者反经合义，因事机发。故正不如奇，奇计一行，则流通而不知止。故曰奇流而不止也。”意思是，正常使用计谋是要遵循常理的，因此速度方面难以跟进；使用奇谋妙计是违反一般常理的，遇事而触发。因此说正常的计谋不如奇谋妙计，奇谋妙计一旦实行，就如流水一般不会停止。

③“人主”，主君、一国之君。这两句意思是，如果是对主君游说，就一定要对他说奇谋妙计。

④“私”，私人利害关系。这两句意思是，如果是与人臣游说，那么就一定要从私人利害关系说起。**陶弘景注：**“与人主言奇，则非常之功可立；与人臣言私，则保身之道可全。”意思是，与主君游说奇谋妙计，那么非同一般的功业就可以建立；与人臣游说私人利害关系，那么安身立命之道就可以保全。

⑤**陶弘景注：**“身在内而言外泄者，必见疏也；身居外而言深切者，必见危也。”意思是，如果自身处在某一圈子之

内而将圈内之言外泄的话，那么就一定会被疏远；如果自身处在某一圈子之外而对圈内之事言之过深的话，那么就会招致危险。需要提出的是，陶弘景此注的意思即原文的意思。

⑥“强”，强加。这两句意思是，不要把别人所不想要的东西而强加给他。

⑦这句意思是，不要把对方所不知道的强行教给他。**陶弘景注**：“谓其事虽近，彼所不欲，莫强与之，将生恨怒也；教人当以所知，今反以人所不知者教之，犹以暗除暗，岂为益哉。”意思是，这种事情虽然很近，但是如果对方不想要就不要强加给他，否则他可能会生恨怒之意；教人应当交给他所知道的，现在反而以不知道的教他，犹如用黑暗来祛除黑暗，怎么可能有益呢？

⑧“好”，喜好、爱好。这两句意思是，如果对方有什么喜好，要学着顺从他的喜好。

⑨“恶”，厌恶、忌讳。这两句意思是，如果对方有什么厌恶，要学着避免他的厌恶。

⑩“阴”与“阳”是相对而言的，“阴”是指在背地、暗地，“阳”是指在明面、表面。这两句意思是，所以说这就是暗地里使用这些方法，而在明面上得到回报。**陶弘景注**：“学顺人之所好，避讳人之所恶，但阴自为之，非彼所逆，彼必感悦，明言以报之。故曰阴道而阳取之也。”意思是，学会顺应他人之喜好，避免他人之厌恶，但是需要暗自为之，不要悖逆对方，对方就一定会感到愉悦，己方就会得

到回报。所以说这就是暗地里使用这些方法，而在明面上得到回报。

【译文】

计谋使用的过程中，公开计谋不如私下计谋，私下计谋不如双方缔结同心而谋，这样的缔结而谋可以使双方亲密而毫无间隙。遵守正常秩序使用计谋不如出其不意地使用奇谋妙计，奇谋妙计一旦实行就如流水一样不会停止。因此，如果是对主君游说，就一定要对他游说奇谋妙计。如果是与人臣游说，那么就一定要从私人利害关系说起。如果自身处在某一圈子之内而将圈内之言外泄的话，那么就一定会被疏远；如果自身处在某一圈子之外而对圈内之事言之过深的话，那么就会招致危险。不要把别人所不想要的东西强加给他，不要把对方所不知道的强行教给他。如果对方有什么喜好，要学着顺从他的喜好。如果对方有什么厌恶，要学着避免他的厌恶。所以说这就是暗地里使用这些方法，而在明面上得到回报。

【原文】

故去之者从之，从之者乘之[①]。貌者，不美又不恶，故至情托焉[②]。可知者，可用也[③]；不可知者，谋者所不用也[④]。故曰事贵制人，而不贵见制于人[⑤]。制人者，握权也[⑥]；见制于人者，制命也[⑦]。故圣人之道阴，愚人之道阳[⑧]；智者事易，而不智者事难[9]。以此观之，亡不可以为存，而危不可以为安，然而无为而贵智矣[10]。

【注释】

①“从”应为“纵”，放纵、听之任之。“乘”，乘机。此句意思是，如果想要除掉某个人，就要对他不断放纵、听之任之，放纵之后他就会暴露问题，因此就可以名正言顺地剪除他。**陶弘景注：**“将欲去之，必先听从，令极其过恶，过恶既极，便可以法乘之，故曰从之者乘之也。”意思是，如果将要除掉某个人，必须先要听之任之，令他不断放纵自己的恶，当他的恶已经达到极端，便可乘机用法除掉他。

②“美”，喜欢。“恶”，厌恶。这几句意思是，在外部表情状貌上，不将喜怒表现于色，那么这样的人就可以托付实情了。**陶弘景注：**“貌者谓察人之貌，以知其情也。谓其人中和平淡，见善不美，见恶不非，如此者，可以至情托之。故曰至情托焉。”意思是，所谓“貌”者就是观察他人之外部表情状貌，由此知晓他的内心情感。如果这个人中和平淡，看到喜欢的东西而不喜形于色，看到厌恶的东西而不表现出非难，这样的人就可以将实情托付给他。

③“知”，知道、了解。这两句意思是，如果是彻底了解的人，就可以使用他。

④这句意思是，如果是在不知道对方底细的情况下，在计划的时候就不能使用他。**陶弘景注：**“谓彼情宽，密可令知

者，可为用谋。故曰可知者，可用也。其人不宽，密不可令知者，谋者不为用谋也。故曰不可知者，谋者所不用也。”意思是，如果对方宽厚，可以暗中让他知晓，可以用来施行计谋。在彻底了解对方的情况下，才可以使用他。如果对方不是宽厚之人，就不能让他知道密谋的内容，并且不能用他施行计谋。

⑤“制”，制约、制衡。这两句意思是，因此而言，任何事情贵在可以制约他人，而不是被他人制约。

⑥“握权”，掌握着主动权。这两句意思是，制约了他人，也就掌握了主动权。

⑦“见……于……”，表被动，这是古代汉语中被动句的常用表达方式之一。这两句意思是，被他人所制约的人，自己的命运也就被操控了。**陶弘景注**：“制命者，言命为人所制也。”意思是，所谓“制命”，就是说命运被他人所制约。

⑧这句意思是，圣人做事的规律是讲求“阴”的，愚蠢之人做事的规律是讲求“阳”的。**陶弘景注**：“圣人之道，内阳而外阴；愚人之道，内阴而外阳。”陶弘景此注，是从圣人与愚人施行计谋的方法上讨论“阴”与“阳”。

⑨“事”，在此作动词，做事情。这两句意思是，聪明之人做事情就很容易，愚蠢之人做事情就很困难。

⑩“无为”，顺应客观规律。这几句意思是，由此来看，已经消失的事物是不可能再保存的，已经发生的危险是不可能再转危为安的，然而还是需要顺应客观规律并且要崇

尚智慧。**陶弘景注：**“智者宽恕，故易事；愚者猜忌，故难事。然而不智者，必有危亡之祸。以其难事，故贤者莫得申其计画（计划），则亡者遂亡，危者遂危。欲求安存，不亦难乎。今欲存其亡，安其危，则他莫能为，惟智者可矣。故曰无为而贵智矣。”意思是，聪明之人以宽恕待人，所以做事容易；愚蠢之人以猜忌待人，所以做事困难。然而不够聪明的人，就必然会有危亡之祸。因为事情困难，所以贤者没有办法筹谋计划，从而亡者遂亡，危者遂危。所以想要求得安存，也是非常困难的。现在如果想要保存那些将要灭亡的，安顿那些处于危险中的，那么其他人都没有办法做到，只有智者可以做到。所以说应该重视应有的规律，而且要崇尚智慧。

## 【译文】

如果想要除掉某个人，就要对他进行不断放纵、听之任之，放纵之后他就会暴露问题，因此就可以顺理成章地以法来剪除他。外部表情状貌上，不将喜怒表现出来，那么这样的人就可以托付实情了。如果能彻底了解他，就可以使用他。如果是在不知道对方底细的情况下，在施用计谋的时候就不能使用他。因此而言，任何事情贵在可以制约他人，而不是被他人所制约。制约了他人，也就掌握了主动权。被他人所制约的人，自己的命运也就被操控了。因此，圣人做事的规则讲求“阴”，愚蠢之人做事的规则讲求“阳”。聪明之人做事情就很容易，愚蠢之人做事情就很困难。由此来看，已经消失的事物是不可能再保存的，已经发生的危险是不可能再转危为安的，然而还是需要顺应客观规律并且要崇尚智慧。

【原文】

智用于众人之所不能知，而能用于众人之所不能见[①]。既用，见可，否择事而为之，所以自为也[②]；见不可，择事而为之，所以为人也[③]。故先王之道阴[④]。言有之曰："天地之化，在高与深；圣人之制道，在隐与匿。"[⑤]非独忠、信、仁、义也，中正而已矣[⑥]。道理达于此之义，则可与语[⑦]。由能得此，则可以穀远近之诱[⑧]。

【注释】

①"智"，智慧。"知"，察觉、察知。"能"，才能、才干。"见"，看见，看到。这两句意思是，智慧要用在众人所不能察知的地方，才能要用在众人所不能看见的地方。**陶弘景注**："众人所不能知，众人所不能见，智独能用之，所以贵于智也。"意思是，在众人所不能知道、不能看到的地方，偏偏能够使用智慧，所以说要崇尚智慧。

②"可"，可以施行，在此引申为计谋隐秘的时机。

③"择事"，选择性地做一些事情。"为人"，为他人考虑。**陶弘景注**："亦既用智，先己而后人。所见可否，择事

为之，将此自为；所见不可，择事而为之，将此为人，亦犹伯乐教所亲相驽骀，教所憎相千里也。”意思是，一旦使用智慧，就先己而后人。智慧和才能一旦使用，就需要在计谋隐秘的时机里施行，那么就不能选择公开的事情去做，这就是为了实现自己的目的。如果智慧和才能无法在计谋隐秘的时机里施行，就选择性地做一些事情，以为他人考虑。这就好像伯乐会去教他所亲近的人相驽马，而教他所憎恨的人相千里马。

④“阴”，在此可引申为暗中。这句意思是，所以说先王处理问题的方法就是讲求“阴”。

⑤“天地之化，在高与深；圣人之道，在隐与匿。”“化”，造化。“道”，法则。这几句意思是，有一句话说：“天与地造化万物在于高深莫测，圣人的处世法则在于藏匿隐遁。”

⑥“独”，单单。**陶弘景注**：“言先王之道贵于阴，密寻古遗言，证有此理，曰：‘天地之化，唯在高深，圣人之道，唯在隐匿。’所隐者中正，自然合道，非专在忠、信、仁、义也。故曰非独忠、信、仁、义也。”意思是，说先王处理问题的方法就是讲求“阴”，并且一定要寻找到古代的遗训来证明这个道理，所谓“天与地造化万物在于高深莫测，圣人的处世法则在于藏匿隐遁”。所以暗中使用智慧和才能，才是合乎自然之道，并不单单讲求忠、信、仁、义，而且还有中正之法。

⑦**陶弘景注**：“言谋者晓达道理，能于此义，达畅则可与

语，至而言极也。”意思是，谋划之人要通晓道理，能够对忠、信、仁、义以及中正之理通达才可以和他交谈谋划。

⑧“毂”，应为“彀”，即谷，意为俸禄，在此引申为使人归服。**陶弘景注：**“彀，养也。若能得此道之义，则可居大宝之位，养远近之人，诱于仁寿之域也。”意思是，谷，也就是养的意思。如果能够获得这其中的道义，那么就可以占据大宝之位，使得远近之人都能诚心归服。

## 【译文】

智慧要用在众人所不能察知的地方，才能要用在众人看不见的地方。智慧和才能一旦使用，就需要在计谋隐秘的时机里施行，那么就不能选择公开的事情去做，这就是为了实现自己的目的。如果没办法隐秘行事，不如公开自己的主张，说自己是为他人考虑。所以说先王处理问题的方法就是讲求“阴”。有这么一句话：“天与地造化万物在高深莫测，圣人的处世法则在藏匿隐遁。”暗中使用智慧和才能，才是合乎自然之道，并不单单讲求忠、信、仁、义，而且还有中正之法。通达忠、信、仁、义以及中正之理的，才可以和他交谈谋划。由此，懂得这些道理，那么就可以使得远近之人都能诚心归服，从而获得天下。

# 决篇第十一

## 题 解

“决”，决断、决计、决定之意。本篇应为残篇，内容上有所缺失，并且《太平御览》未见引用本篇，同时本篇的题注也已经散佚。

本篇《决篇》是对第十篇《谋篇》讨论内容的承继。《谋篇》在内容上主要是探讨关于计谋策略的事先准备、施行对象、具体方法与主要原则等，而本篇《决篇》则是讨论计谋筹划之后应该如何去做决断。因此，《决篇》就是关于决断的专篇论文。

单从现存的内容来看，《决篇》主要是讨论关于决断的起因、相关目的、具体实施方法以及决定的重要性等问题。虽然内容有所残缺，但是论述颇为精彩。

首先，开篇即对什么是“决”进行了论辩：“凡决物，必托于疑者，善其用福，恶其有患。”也就是说，所有需要决断的事情，都是有犹豫不决的因素。善于使用决断的，就会有相应的福报；不善于使用决断的，就可能会招来祸患。

其次，是关于使用决断的目的的讨论。所谓“有利焉，去其利则不受也，奇之所托”。也就是说，使用决断的目的就是带来利益，如果没有办法带来相应的利益，那么这样的决断就不会被人所接受。总而言之，决断最重要的目的就是趋利避害，这样才能实现决断的真正价值。

再次，对于决断的五种方法进行讨论与总结。决断的五种方法，也就是“圣人所以能成其事者”的原因，包括：“有以阳德之者，有以阴贼之者，有以信诚之者，有以蔽匿之者，有以平素之者。”所谓“阳德”“阴贼”“信诚”“蔽匿”“平素”五种方法，分别是指公开的恩德、暗中的计谋、诚实信用、隐藏遮蔽和平常心态。同时指出，这五种方法之间的关系是相互融通的，使用这五种方法应该根据不同的情况进行具体实施。

最后，是对决断重要性的讨论。所谓“决情定疑，万事之基”，也就是说，善于决断是一切事情成功与否的根本基础，因此，“先王乃用蓍龟者，以自决也”，古代的国君如果遇到难以决策之事，就要使用蓍草和龟甲进行卜卦，借助神灵的意愿来帮助自己做出最终决断。从而可见，决断一事之于国家以及个人的重要性。

【原文】

凡决物，必托于疑者①。善其用福，恶其有患②；善至于诱也，终无惑偏[③]。有利焉，去其利则不受也，奇之所托[④]。若有利于善者，隐托于恶，则不受矣，致疏远[⑤]。故其有使失利者，有使离害者，此事之失[⑥]。

【注释】

①“决”，决定、决策。“决物”，对所遇之事进行决断。“疑”，疑惑、犹疑不决。此句意思是，凡是需要做决断的，必然是因为犹疑不决。

②“善”，善于、擅长。“恶”，不善于、不擅长。**陶弘景注：**“凡人之情，用福则善，有患则恶。福患之理未明，疑之所由生。故曰善其用福，恶其有患。”意思是，但凡人之常情，善于使用决断的，就会得到相应的福报，不善于使用决断的，就会招致祸患。福报与祸患之理没有明白、确定，疑惑也就由此产生了，因此说是“善其用福，恶其有患”。

③“诱”，引诱、诱导。“惑”，疑惑。“偏”，偏颇。**陶弘景注：**“然善于决疑者，必诱得其情，乃能断其可否也。怀疑曰惑，不正曰偏，决者能无惑偏，行者乃有通济，然后福利生焉。”意思是，善于使用决断之人，必定是先通过引诱获得真实的情况，然后才能断定决断的可行性。因为有了怀疑，所以才称得上是“惑”；因为不够端正，所以才称得上是“偏”。决断之人可以做到没有疑惑与偏颇，所以施行通畅，然后福报与利益才能够产生。

④“利”，利益。“奇”，不按寻常套路、出其不意。这几句意思是，决断一定要带来相应的利益，如果没有带来相应的利益就不会被人们所接受。而那些能够给人们带来相应利益的决断，往往是出其不意的。**陶弘景注：**“若乃去其福利，则疑者不更其决，更使托意于奇也。趋异变常曰奇。”意思是，如果没有得到相应的福报与利益，那么本来就存有怀疑的人不会变更自己的决定，因此决断需要出其不意。

⑤“受”，接受，在此是被动用法，表示被接受。这几句意思是，如果所做的决断在表面上看是有利益的，但是其中又隐藏着祸端，那么这样的决断就不会被人接受，反而可能导致相互关系的疏远。**陶弘景注：**“谓疑者本其利，善而决者隐其利；善之情反托之于恶，则不受其决，更致疏远矣。”意思是，犹疑不决的原因就是想要获得利益，善于决断的人往往会将这些利益隐藏起来。如果在决断之中隐藏着祸端，那么这样的决断就不会被人接受，从而更导致关系的疏远。

⑥“离”通“罹”，“害”，灾难、灾害。这几句意思是，如果决断招致失败，并且由此产生灾害，那么这就是决断的失败了。**陶弘景注：**“言上之二者，或去利托于恶，疑者既不能更其决，则所行罔能通济，故有失利，罹害之败焉。凡此，皆决事之失也。”意思是，以上所说的两种情况，在利益与隐恶之间摇摆，怀有疑惑之人是没有办法更改自己的决断的，所以他的决断就没有办法通行，因此才会失利，最终导致失败。这些情况，都是决断失败的原因。

【译文】

凡是需要做决断的，必然是因为犹疑不决。善于使用决断的就会得到相应的福报，不善于使用决断的就会招致祸患。善于使用决断之人，必定是先通过引诱获得真实的情况，这样最终做出的决断就不会再有疑惑与偏颇。决断一定要带来相应的利益，如果没有带来相应的利益，就不会被人所接受。而那些能够给人带来相应利益的决断，往往是出其不意的。如果所做的决断在表面上看是有利益的，但是在其中又隐藏着祸端，那么这样的决断就必然不会被人接受，反而可能导致相互关系的疏远。因此，如果决断招致失败，并且由此产生灾害，那么这就是决断的失败了。

【原文】

圣人所以能成其事者，有五①：有以阳德之者，有以阴贼之者，有以信诚之者，有以蔽匿之者，有以平素之者②。阳励于一言，阴励于二言，平素、枢机以用③。四者，微而施之④。于是度之往事，验之来事，参之平素，可则决之⑤。

【注释】

①这句话的意思是，圣人之所以能够成就其事，主要有五种原因。

②“阳德”，公开的恩德。“阴贼”，暗中的谋划。“信诚”，诚实守信。“蔽匿”，隐蔽藏匿。“平素”，普

通平常。这几句的意思是，其一，“阳德”，即使用公开施以恩德的方式。其二，“阴贼”，即使用暗中谋划的方式。其三，“信诚”，即使用诚实守信的方式。其四，“蔽匿”，即使用隐蔽藏匿的方式。其五，“平素”，即遵循普通平常的方式。**陶弘景注**：“圣人善变通，穷物理，凡所决事，期于必成。事成理著者，以阳德决之；情隐言伪者，以阴贼决之；道诚志直者，以信诚决之；奸小祸微者，以蔽匿决之；循常守故者，以平素决之。”意思是，圣人善于变通，穷究物理自然的变化，因此凡是所做决断的事情，就必然期望成功。如果决断之事是非常显著的，就需要公开施以恩德；如果决断之事是隐秘伪装的，就需要在暗中计划筹谋；如果决断之事是道德诚实、志向正直的，就需要用诚信去做决断；如果决断之事是小奸小恶的，就需要隐蔽地去做决断；如果决断之事是循守常理的，就需要按照正常的方式去做决断。

③“一言”，即表里如一的言行。“二言”，即表里不一的言行。这几句意思是，使用“阳”的方法要求言行表里如一，使用“阴”的方法要求言行表里不一，再加上平常使用的办法以及关键机要时使用的办法。

④这句话的意思是，以上四种决断办法，必须在不知不觉的情况下施行。**陶弘景注**：“励，勉也。阳为君道，故所言必励于一。一，无为也。阴为臣道，故所言必励于二。二，有为也。君道无为，故以平素为主；臣道有为，故以枢机为用。言一也、二也、平素也、枢机也，四者其所施为，必精

微而契妙，然后事行而理不壅（yōng）矣。”意思是，励，即勉励的意思。“阳”是为君之道，因此所有说出的言辞必定是以勉励于“一”。所谓“一”，也就是无为。“阴”是为臣之道，因此所有说出的言辞必定是以勉励于“二”。所谓“二”，也就是有所作为。为君之道在于无为，所以是以平常之道施行。为臣之道在于有为，所以是以关键机要为用。以上所说的“一”“二”“平素”“枢机”四种，在施行的时候必须在不知不觉的情况下进行。

⑤“度”，度量，在此引申为参考。这几句的意思是，以过往之事作为参考，以未来之事作为验证，以平常之事作为比照，这样就可以进行最终的决断了。**陶弘景注**：“君臣既有定分，然后度往验来，参以平素，计其是非，于理既可，则为决之。”意思是，为君与为臣都有自己的分定，然后以过往之事作为参考，以未来之事作为验证，并且参考平常之事，计算是非得失，在道理上就可以成功，这样就可以进行最终的决断了。

## 【译文】

圣人之所以能够成就其事，主要有以下五种原因：其一，“阳德”，即使用公开的施以恩德的方式；其二，“阴贼”，即使用暗中谋划的方式；其三，“信诚”，即使用诚实守信的方式；其四，“蔽匿”，即使用隐蔽藏匿的方式；其五，“平素”，即遵循平常的方式。使用“阳”的方法就是要求言行表里如一，使用“阴”的方法就是要求言行表里不一，再加上平常使用的办法以及关键机要时使用的办法。以上四种决断办法，必须在不知不觉的情况下施行。于是，以过往之事作为参考，以未来之事作为验证，以平常之事作为比照，这样就可以进行最终的决断了。

【原文】

王公大人之事也，危而美名者，可则决之①；不用费力而易成者，可则决之②；用力犯勤苦，然不得已而为之者，可则决之③；去患者，可则决之④；从福者，可则决之⑤。

【注释】

①**陶弘景注**：“危，由高也。事高而名美者，则为决之。”意思是，危，即处于高度危险之中。事情高危但可能获得美名的话，那就可以为之决断了。

②这句话的意思是，不用花费什么力气就可以轻易获得成功的事情，那么就可以为之决断了。**陶弘景注**：“所谓惠而不费，故为决之。”意思是，所谓与人实惠而且自己毫无损失，那么就可以为之决断了。

③“勤苦”，勤劳辛苦。这几句的意思是，那些费力并且需要十分辛苦勤劳才能达成的事情，同时还是迫不得已去做的事情，那么就需要为之决断了。**陶弘景注**：“所谓知之，无可奈何，安之若命，故为决之。”意思是，所谓知道情况

如此，却无可奈何，只有安然从命，那么可以为之决断了。

④“去”，去除。这两句意思是，如果能够为对方去除祸患，那么就可以为之决断了。

⑤这句意思是，如果能够为对方引来福报，那么就可以为之决断了。**陶弘景注**：“去患、从福之人，理之大顺，故为决之。”意思是，可以为之去除祸患、引来福报之人，这是理之顺从的，因此可以为之决断。

## 【译文】

王公大人所谋之事，如果是处于危险之中，但可能带来好的名声的话，那么就可以帮助他决断了。不用花费什么力气就可以轻易获得成功的事情，那么就可以为之决断了。那些费力并且需要十分辛苦勤劳才能达成的事情，同时还是迫不得已需要去做的事情，那么就需要为之决断了。如果能够为对方去除祸患，那么就可以为之决断了。如果能够为对方引来福报，那么就可以为之决断了。

## 【原文】

故夫决情定疑，万事之基[①]。以正治乱，决成败，难为者[②]。故先王乃用蓍龟者，以自决也[③]。

## 【注释】

①这句意思是，消除疑惑做出决断，是处理一切事情的

基础。

②这句意思是，决断直接关系到天下治乱或和平，甚至决定成败，因此很难下决断。**陶弘景注：**“治乱以之正，成败以之决。失之毫厘，差之千里；枢机之发，荣辱之主，故曰难为。”意思是，治乱依靠决断来平治，成败依靠决断来决定，是强调决断对于“治乱”和“成败”的重要性。不能有任何差错，关键时刻的决断就是荣辱的主宰，所以说是很难做到的。

③“蓍（shī）”，蓍草，多年生草本植物，全草入药，茎、叶等可做香料。中国古代通常使用蓍草的茎来占卜。“龟”，龟甲。中国古代也常使用龟甲用来占卜。此句的意思是，因此，古代的先王都是使用蓍草和龟甲来帮助自己做最终的决断。**陶弘景注：**“夫以先王之圣智，无所不通，犹用蓍龟以自决，况自斯以下而可以专己自信，不博谋于通识者哉？”意思是，先王的圣明和睿智是无所不通的，尚且使用蓍草、龟甲来做决断，并且由此而更加自信，这样的博智谋虑不是可以通达的吗？

## 【译文】

所以说消除疑惑做出决断，是处理一切事情的基础。决断直接关系到天下治乱或和平，甚至决定成败，因此是很难下决断。所以古代的先王才使用蓍草和龟甲来帮助自己做最终的决断。

# 符言第十二

## 题　解

“符”，符节、符信、符契之意。所谓符节，是中国古代官方调兵遣将、上传下达命令等传达各种信息的一种凭证。一般在材质上，多使用金、铜、玉、角、竹、木等材料制成。使用方法是，双方各执其一，合之以验真假，常见的如兵符、虎符、对牌等。“言”，即言说、格言之意。

本篇命名《符言》，其实就是说明所说之言必须如符节一样具有印信般的关键作用。《太平御览》未见引用本篇。陶弘景题注曰：“发言必验，有若符契，故曰符言。”意思是，所有说出来的言辞必须一一应验，就好像符契印信一般，具有关键决定作用，这样才可以称作“符言”。

从内容上来看，《符言》其实是一篇针对为君之道的论述。全篇一共包括九个部分，而这九个部分是分别从不同角度来论述君主之道的。具体来看，这九个部分主要如下：

第一，即主位。君主身居主位，需要“安徐正静”，即喜怒不形于色，不能轻易被人获知内心真实的想法。

第二，即主明。君主需要耳聪目明，具有掌控全局的能力。君主长居王宫之内，需要借助臣子的力量来获取信息，进而治理天下，因此需要做到耳聪目明，不能轻易被人蒙蔽。

第三，即主德。君主必须身怀德行，以德服人。所谓德政，也就是君主需要心中怀有天下，这样才可以使天下归顺。

第四，即主赏。君主治理天下，需要善用赏罚之道。只有赏罚分明，才可以让臣子与百姓口服心服。所谓“用赏贵信，用刑贵正”，也就是说君主在施行奖赏的时候一定要言而有信，在使用刑罚的时候，一定要公平公正。

第五，即主问。君主需要不耻下问，这样才能不断地提高自己的政治素养。而具体所问之事，应该包括“天之”“地之”“人之”，即关于天道自然、地利情形、人和发展等方面。

第六，即主因。所谓主因之术，其实是从“心”的角度去论证的。所谓“心为九窍之治，君为五官之长”，也就是说，心的作用在于管理人的其他器官，而君主则与心的作用一样，是臣子之核心主宰。

第七，即主周。周，即周密、周全之意。君主需要驾驭群臣，就需要平衡各种错综复杂的关系，对群臣关系做到周全、周密。

第八，即主恭。作为君主，需要具有极其敏锐的洞察能力，要做到“长目”“飞耳”“树明”，由此可以察鉴奸邪宵小之辈。

第九，即主名。名与实，是君主对臣子的考核当中需要重点考量的。“循名而为，实安而完”，所讲求的就是名实相符。也就是说，君主在给臣子相应的名位时，要实际考虑到臣子的能力与职责。

以上九种，即是本篇《符言》所重点探讨的内容，也是探讨君主如何完整系统地运用权术来管理朝政、驾驭臣子。

## 【原文】

安徐正静，其被节无不肉[①]。善与而不静[②]，虚心平意以待倾损[③]。右主位[④]。

## 【注释】

①此句底本为“其被节先肉”，这里依道藏本改。“安”，安然。“徐”，徐缓、和缓。“正”，正直。“静”，冷静。**陶弘景注：**“被，及也；肉，肥也，谓饶裕也。言人若居位能安徐正静，则所及之节度无不饶裕也。”被，施与、加之之意，肉，富饶之意。意思是，如果君主居于其位之时能够保持平稳冷静，那么他所管辖的地方就没有不富饶充足的。

②这句意思是，君主要善于给予臣民（恩惠），但是也有可能遇见不太安分的臣民。

③“倾损”，倾覆自损或倾颓损毁。**陶弘景注：**“言人君善与事接而不安静者，但虚心平意以待之，倾损之期必至矣。”意思是，君主善于处理各类事务，但是如果遇见不太安

分的臣民，那么只需要虚心平易地对待他们，就可以自然等到他们倾覆自损的时候了。

④此句意思是，以上所述就是君主居于其位需要注意的事项。**陶弘景注：**“主于位者，安徐正静而已。”意思是，君主居于其位，所要做的就是安然、和缓、正直、冷静。

## 【译文】

君主如果能够做到安然、和缓、正直、冷静，那么他所统辖节制的地方就会富饶充裕。君主要善于给予臣民（恩惠），但是也有可能遇见不太安分的臣民。如果遇见不太安分的臣民，那么只需要虚心平易近人地对待他们，就可以自然等到他们倾覆自损的时候了。以上所述就是君主居于其位需要注意的事项。

## 【原文】

目贵明，耳贵聪，心贵智[①]。以天下之目视者，则无不见[②]；以天下之耳听者，则无不闻[③]；以天下之心思虑者，则无不知[④]；辐辏并进，则明不可塞[⑤]。右主明[⑥]。

## 【注释】

①这句意思是，眼睛的可贵之处在于它的明亮，耳朵的可贵之处在于它的聪敏，心灵的可贵之处在于它的智慧。**陶弘景注：**“目明则视无不见，耳聪则听无不闻，心智则思无不通。

此三者无壅，则何措而非当也？”意思是，眼睛明亮就没有什么是看不到的，耳朵聪敏就没有什么是听不到的，心灵智慧就没有什么是思虑不通的。以上三者不被堵塞，那么还有什么措施是不恰当的呢？

②“天下”，天下人的意思。这两句意思是，站在天下人的角度用眼睛去看，那么就没有什么是看不见的了。

③这句意思是，站在天下人的角度用耳朵去听，那么就没有什么是听不清的了。

④这句意思是，站在天下人的角度用心灵去思考，那么就没有什么是不知道的了。**陶弘景注：**“昔在帝尧，聪明文思光宅天下，盖用此道也。”意思是，昔日的君主帝尧，耳聪目明思虑周全，所以可以光耀天下，所使用的就是这样的方法。

⑤“辐辏（fú còu）”，也作“辐凑”，辐是古代车轮中间连接轴心与轮圈的木条，辏是辐连接集中的轴心。此句意思是，做到以上三点，那么就如同车轮之辐集中在车轴之轴心上一样，君主的英明就不会再被堵塞。**陶弘景注：**“夫圣人不自用其聪明思虑而任之天下，故明者为之视，聪者为之听，智者为之谋。若云从龙，风从虎，沛然莫之御。辐辏并进，则亦宜乎。若日月之照临，其可塞哉？故曰明不可塞也。”意思是，圣人并不使用自己的（耳）聪、（目）明、思虑，而是交给天下人，所以眼神明亮之人替他视察，耳朵聪敏之人为他监听，心灵智慧之人为他谋虑。犹如云从龙而生，风从虎而生，丰然充沛而无所不能驾驭。犹如车轮之辐

集于车轴之轴心一样使之不断前进，恰当适宜。又如日月之光照临天下，是不会被堵塞的。

⑥“明”，英明。此句意思是，以上所述就是君主如何才能做到英明的道理。**陶弘景注：**“主于明者以天下之目视也。”意思是，君主的英明能以天下人的眼光去看待问题。

## 【译文】

眼睛的可贵之处在于它的明亮，耳朵的可贵之处在于它的聪敏，心灵的可贵之处在于它的智慧。站在天下人的角度用眼睛去看，那么就没有什么是看不见的了。站在天下人的角度用耳朵去听，那么就没有什么是听不清的了。站在天下人的角度用心灵去思考，那么就没有什么是不知道的了。做到以上三点，那么就如同车轮之辐集中在车轴之轴心上一样，君主的英明就不会被堵塞。以上所述就是君主如何才能做到英明的道理。

## 【原文】

德之术曰：勿坚而拒之[①]。许之则防守，拒之则闭塞[②]。高山仰之可极，深渊度之可测[③]。神明之德术正静，其莫之极[④]。右主德[⑤]。

## 【注释】

①“拒”，拒绝。这两句意思是，崇尚德行的方法就是，

不要坚决地拒绝那些愿意跟从归顺自己的人。**陶弘景注**：“崇德之术，在于恢宏博纳，山不让尘，故能成其高；海不辞流，故能成其深；圣人不拒众，故能成其大，故曰勿坚而拒之也。”意思是，所谓崇德，最主要在于气象恢宏、庞博广纳。山不推让尘土的，所以才会累积达成自己的高度；海不推辞任何一条河流的，所以才能成就自己的深度；圣人不拒绝众人的，所以才能成就自己的伟大，因此才说“勿坚而拒之也”。

②“许”，允许。**陶弘景注**：“言许而容之，众必归而防守；拒而逆之，众必违而闭塞。归而防守，则危可安，违而闭塞，则通更壅。夫崇德者，安可以不宏纳哉。”意思是，所谓允许并且可以接纳对方，那么众人必定归顺而使得自己的防守更加坚固。如果拒绝对方归顺并且使其叛逆，那么众人必定违背而使得自己一方更加闭塞。众人的归顺而使得自己的防守更加坚固，那么就可以转危为安；因为众人的违背而变得闭塞，那么就会由此更加拥堵不堪。那些崇尚德术之人，怎么可以不恢宏博纳呢？

③“极”，达到。“度”，度量、测量。这两句意思是，高山的高度是可以通过攀登而达到的，深渊的深度是可以通过测量而得知的。

④“正静”，平正安静。这两句意思是，神明的德术讲究心态平正安静，是没有办法真正达到的。**陶弘景注**：“高莫过山，犹可极；深莫过渊，犹可测。若乃神明之德术正静，

迎之不见其前，随之不见其后，其可测量哉。”意思是，高莫过于山，但是仍然可以达到它的高度；深莫过于渊，但是仍然可以测量它的深度。然而就像神明之德术平正安静，迎接它却看不到它的前面，跟随它却看不到它的后面，是没有办法对它进行测量的。

⑤此句意思是，以上所述就是君主如何才能做到崇德的方法。**陶弘景注**：“主于德者，在于含宏而勿距也。”意思是，主于德术之人，在于恢宏包容而不拒绝他人之归顺。

## 【译文】

崇尚德行的方法就是，不要坚决地拒绝那些愿意跟从归顺自己的人。如果允许并且可以接纳对方，那么众人必定归顺而使得自己的防守更加坚固；如果拒绝对方归顺并且使其叛逆，那么众人必定违背而使得自己一方更加闭塞。高山的高度是可以通过攀登而达到的；深渊的深度是可以通过测量而得知的。神明之德讲究心态平正安静，是没有办法真正达到的。以上所述就是君主如何才能做到崇德的方法。

## 【原文】

用赏贵信，用刑贵正[①]。赏赐贵信，必验耳目之所闻见[②]，其所不闻见者，莫不暗化矣[③]。诚畅于天下神明，而况奸者干君[④]。右主赏[⑤]。

【注释】

①“信”，信用、诚信。“正”，公正、公平。这两句意思是，使用嘉赏最重要的就是讲求信用，使用刑罚最重要的就是追求公正。**陶弘景注：**“赏信，则立功之士致命捐生；刑正，则更戮之人没齿无怨。”意思是，嘉赏讲求信用，那么立功之人就会拼命去做事情；刑罚追求公正，那么即便被杀之人也是毫无怨言的。

②“验”，检验、核验，在此引申为标准、依据。这两句意思是，赏赐讲求信用，必须以自己耳朵所听到、眼睛所看到的为标准。

③“暗化”，暗中慢慢转化。这两句意思是，那些没有被所听、所见的事情，也会因为需要获取君主的信任而暗中慢慢发生转化。**陶弘景注：**“言施恩行赏，耳目所闻见，则能验察不谬，动必当功，如此，则信在言前，虽不闻见者，莫不暗化也。”意思是，在此谈论施恩行赏，必须以所听、所见为准，这样才能核验准确，没有错误，因此，所有行动都会首先考虑立功，这样，信用在言说之前，那些没有被所听、所见的事情，也会慢慢在暗中转化。

④“干君”，冒犯君威。这两句意思是，赏罚均有信诺，那么君主的诚信就会畅达于天下，达到神明境界，而那些奸邪之徒想要冒犯君威则是不能得逞的。**陶弘景注：**“言每赏必信，则至诚畅于天下，神明保之如赤子，天禄不倾如泰山，又况不逞之徒，而欲奋其奸谋，干于君位者哉。此犹腐肉之

齿，利剑锋接，必无事矣。”意思是，所言每有赏赐必然信守，那么就会让君主的诚信在天下畅达，神明对他的保护犹如保护赤子一般，天增福禄犹如泰山一般不会倾倒。如果遇有奸逞之徒，想要有所奸谋而冒犯君威，那么就好像已经腐烂的肉遇见了锋利的牙齿，必然不会掀起什么波澜。

⑤这句意思是，以上所述就是君主如何才能做到信守赏罚的道理。**陶弘景注：**“主于赏者，贵于信也。”意思是，君主对赏赐的人，最为重要的就是讲求信诺。

**【译文】**

使用嘉赏最重要的就是讲求信用，使用刑罚最重要的就是追求公平公正。赏赐讲求信用，必须以自己耳朵所听到、眼睛所看到的为标准。那些所听所见的事情，也会因为需要获取君主的信任而在暗中慢慢发生转化。赏罚均有信诺，那么君主的诚信就会畅达于天下，达到神明的境界，而那些奸邪之徒想要冒犯君威则是不能得逞的。以上所述，就是君主如何才能做到信守赏罚的道理。

**【原文】**

一曰天之，二曰地之，三曰人之[①]。四方上下，左右前后，荧惑之处安在[②]。右主问[③]。

【注释】

①“天”，天时。“地”，地利。“人”，人和。这几句意思是，为君主者，一要善问天时，二要善问地利，三要善问人和。**陶弘景注：**“天有逆顺之纪，地有孤虚之位，人有通塞之分。有天下者，宜皆知之。”意思是，天时有逆有顺，地势有孤有虚，人和有通有堵。君主怀有天下，应该通晓这些道理。

②“荧惑”，荧惑星，即火星，可以预示人间吉凶。这几句意思是，如果通晓这些道理，那么天地上下，东西南北，左右前后，哪里还会再有什么灾祸呢？**陶弘景注：**“夫四方上下，左右前后，皆有阴阳向背之宜。有国从事者，不可不知。又荧惑，天之法星，所居灾眚（shěng，灾难、疾苦之意）吉凶尤著。故曰虽有明天子，必察荧惑之所在，故亦须知之。”意思是，天地上下，东西南北，左右前后，都有阴阳向背之理。君主掌管政事，不可不知道这些道理。所谓荧惑，即火星，预示天下吉凶。因此而言，即便是有明天子，也必须查明灾祸之所在，因此也要知道这些道理。

③这句意思是，以上所述就是君主如何才能做到主问的道理。**陶弘景注：**“主于问者，须辨三才之道。”意思是，主问的道理，需要辨别天时、地利、人和之道。

【译文】

为君主者，一要善问天时，二要善问地利，三要善问人和。如果通晓这些道理，那么天地上下，东西南北，左右前后，哪里还会再有什么灾祸呢？以上所述就是君主如何才能做到“主问”的道理。

【原文】

心为九窍之治，君为五官之长①。为善者，君与之赏；为非者，君与之罚②。君因其所以求，因与之，则不劳③。圣人用之，故能赏之④。因之循理，固能长久⑤。右主因⑥。

【注释】

①“九窍”，指人身体上的九个器官，具体包括：双耳、双眼、双鼻孔、口、尿道、肛门。五官，即五种官职，最初是指司徒、司马、司空、司士、司寇，在此引申为百官之意。这两句意思是，心灵是人体九窍的主宰，君主是朝廷百官的主宰。**陶弘景注**：“九窍运，为心之所使；五官动作，君之所命。”意思是，九窍运行，是因为被心灵所驱使；五官有动作，是因为君主有命令下达。

②这句意思是，有了善行的，君主就应该给他奖赏；犯了错误的，君主就应该惩罚他。**陶弘景注**：“赏善罚非，为政之大经也。”意思是，奖赏善行，惩罚错误，这是非常重要的政治手段。

③“因”，答应、顺应。这几句意思是，君主顺应各级官员内心所求而进行赏罚，这样做的话就不会再感觉到劳累了。

**陶弘景注**："与者，应彼所求；求者，得应而悦。应求则取施不妄，得应则行之无怠，循性而动，何劳之有。"意思是，所谓给予，也就是答应对方所提出的诉求；所谓诉求，则得到满足之后应该会感到喜悦。答应对方所求，则不论是索取还是施与，都不会再有妄念，得到之后，做事就不应有懈怠。遵循规律而行动，哪里还有什么再让人感到劳累的呢？

④这句意思是，圣人善于使用这样的方法，所以才能做到赏罚分明。

⑤这句意思是，因此君主只有遵循这样的道理与规律，才能使国运兴隆长久。**陶弘景注**："因求而与，悦莫大焉，虽无玉帛劝同赏矣。然因逆理，祸莫速焉。因之循理，故能长久。"意思是，其因有所诉求而被给予，就会感到非常高兴，即便没有金玉财帛赏赐。然而如果违逆道理和规律，那么祸患很快就要到来。因此只有遵循道理和规律，才能长长久久。

⑥这句意思是，以上所述就是君主如何才能做到主因的道理。**陶弘景注**："主于因者，贵于循理。"意思是，主因的道理，最为可贵的就是要遵循道理。

## 【译文】

心灵是人体九窍的主宰，君主是朝廷百官的主宰。有了善行的，君主就应该给他奖赏；犯了错误的，君主就应该惩罚他。君主答应各级官员内心所求而进行赏罚分明，这样做的话就不会再感觉到劳累了。圣人善于使用这样的方法，所以才能做到赏罚分明。因此君主只有遵循这样的道理与规律，才能使国运兴隆长久。以上所述就是君主如何才能做到主因的道理。

【原文】

人主不可不周，人主不周，则群臣生乱[①]。家于其无常也，内外不通，安知所开[②]。开闭不善，不见原也[③]。右主周[④]。

【注释】

①“周”，周全、周密、周到。这几句的意思是，主君处事不可以不周全，如果主君做事不周全的话，那么就很可能引起群臣生乱。**陶弘景注**：“周谓遍知物理，于理不周，故群臣乱也。”意思是，所谓“周”，也就是遍知物理发展的道理，如果不能做到周全，那么群臣就会反乱。

②“家”，国家大业。这几句意思是，国家大业处于混乱无常的状态，从而导致内外信息难以畅通，这样还怎么能找到解决问题的关键呢？**陶弘景注**：“家犹业也。群臣既乱，故所业者无常，而内外闭塞；触途多碍，何如知所开乎。”意思是，家即国家大业，群臣既然已经混乱，那么国家大业也将陷入无序状态，从而导致内外信息闭塞，相互接触诸多阻碍，如何还能找到解决问题的关键呢？

③“原”，通“源”，即根源、源头。这两句意思是，君主如果无法妥善处理与臣子之间的开闭捭阖问题，那么就很难

找到问题的根源所在。**陶弘景注**：“开闭即捭阖也，既不用捭阖之理，故不见为善之源也。”意思是，开闭也就是捭阖，既然不使用捭阖这种方法，所以就不能找到解决问题的方法。

④这句意思是，以上所述就是君主如何才能做到“主周”的道理。**陶弘景注**：“主于周者，在于遍知物理。”意思是，“主周”的道理，就是需要通晓物理自然的规律。

## 【译文】

主君处事不可以不周全。如果主君做事不周全的话，那么就很可能引起群臣生乱。国家大业处于混乱无常的状态，从而导致内外信息难以沟通，这样还怎么能找到解决问题的关键呢？君主如果无法妥善处理与臣子之间的开闭、捭阖问题，那么就很难找到问题的根源所在。以上所述就是君主如何才能做到“主周”的道理。

## 【原文】

一曰长目，二曰飞耳，三曰树明①。明知千里之外，隐微之中②，是谓洞天下奸，莫不暗变更③。右主恭④。

## 【注释】

①这句意思是，一要使自己的眼睛看得更远，二要使自己的耳朵听得更多，三要让自己明察秋毫。**陶弘景注**：“用天下之目视，故曰长目；用天下之耳听，故曰飞耳；用天下

之心虑，故曰树明。”意思是，善于利用天下人的眼睛去观察，所以叫作目光长远，善于利用天下人的耳朵去倾听，所以叫作耳朵善听，善于利用天下人的心思去谋虑，所以才能明察秋毫。

②这句意思是，要明确知道千里之外的情况，以及各种隐蔽细微的事情。

③此句底本无“更”字。“洞”，洞察。“奸”，这里指奸邪之辈。这两句的意思是，因此可以洞察天下奸邪之辈，而这些奸邪之辈没有不在暗中变更自己奸邪想法的。**陶弘景注：**“言用天下之心虑，则无不知。故千里之外，隐微之中，莫不玄览。既察隐微，故为奸之徒，绝邪于心胸。故曰莫不暗变更改也。”意思是，利用天下人的心思去谋虑就会无所不知。因此，远在千里之外的情况，以及隐蔽细微的事情，没有不被遍览的。既然能够明察秋毫，所以奸邪之辈也就将奸邪之法从心中排除了，因此没有不在暗中变更自己想法的。

④此句意思是，以上所述就是君主如何才能做到“主恭”的道理。**陶弘景注：**“主于恭者，在于聪明文思。”意思是，主恭的道理，就是需要君主耳聪目明、思虑精深。

## 【译文】

一要使自己的眼睛看得更远，二要使自己的耳朵听得更多，三要让自己明察秋毫。要明确知道千里之外的情况，以及各种隐蔽细微的事情，因此可以洞察天下奸邪之辈，而这些奸邪之辈没有不在暗中变更自己奸邪想法的。以上所述，就是君主如何才能做到“主恭”的道理。

【原文】

循名而为，实安而完[①]。名实相生，反相为情[②]。故曰：名当则生于实，实生于理，理生于名实之德，德生于和，和生于当[③]。右主名[④]。

【注释】

①“循”，依循。这两句意思是，依循名而求实，使得名与实相符。**陶弘景注**：“实既副名，所以安全。”意思是，名与实相副，所以安全。

②这句意思是，名与实相依相生，并且二者互为本情。**陶弘景注**：“循名而为实，因实而生名。名实不亏则情在其中矣。”意思是，依循名而求得实，因为有实而获得名。名与实俱不相亏而情理亦在其中。

③这几句**陶弘景注**：“名当自生于实，实立自生于理。”又注：“无理不当，则名实之德自生也。有德必和，能和自当。”意思是，适当的名自然是从实中产生的，而实又是从理中产生的。所以说，没有理则不恰当，名与实相得益彰才会相生。有德就会融洽，能够融洽就会恰当。

④这句意思是，以上所述就是君主如何才能做到“主名”的道理。**陶弘景注**：“主于名者，在于称实。”意思是，“主

名”的道理，就是需要君主名实相符。

【译文】

依循名而求实，使得名与实相符。名与实相依相生，并且二者互为本情。因此，适当的名自然是从实中产生的，而实又是从理中产生的。理是从名与实的相得益彰之中产生的，而德又生于融洽，融洽就会恰当。以上所述就是君主如何才能做到“主名”的道理。

# 转丸第十三

·

# 肤乱第十四

## 题 解

现存的《鬼谷子》版本中，《转丸》篇与《胠（qū）乱》篇皆是有目无篇。《转丸》篇与《胠乱》篇的亡佚应该是魏晋南北朝以后的事情，且《转丸》一篇应该是凭借言辞机巧而出名的。南朝齐梁时期刘勰所作的《文心雕龙》之《论说》篇中曾言："《转丸》骋其巧辞，《飞箝》伏其精术。"此后，唐代高宗时期的道家与纵横家代表赵蕤（ruí）作有《长短经》，其中《反经》篇中引用了《鬼谷子》的一段话，但是这段话是《庄子》之《胠箧（qiè）》篇的内容。由此可见，到了盛唐时期，《胠乱》篇应该已经亡佚了，从而才会出现误将《庄子》之《胠箧》篇当作《鬼谷子》之《胠乱》篇的现象。

清代嘉庆十年（1805年）江都秦氏刻本的梁代陶弘景注本《鬼谷子》之《转丸·胠乱》篇目下注："案，'乱'当作'箧'。一本作《转丸》第十三，《胠箧》第十四，下注'亡'字。二篇皆亡。"根据这段注解可以得知，《转丸》

与《胠乱》两篇早已亡佚，而把《胠箧》误作《胠乱》的现象也较为普遍。

与此同时，清代嘉庆十年江都秦氏刻梁代陶弘景注本《鬼谷子》之《转丸·胠乱》篇目下录有两段注解，分别为佚《注》与秦恩复注解。现转录于下：

【注解一·佚注】

或有取庄周《胠箧》而充次第者。按，鬼谷之书，崇尚计谋，祖述圣智，而庄周《胠箧》乃以圣人为大盗之资，圣法为桀（jié）、跖（zhí）之失。乱天下者，圣人之由也。盖欲纵圣弃智，驱一代于混茫之中，殊非此书之意，盖无取焉。或曰《转丸》《胠箧》者，《本经》《中经》是也。

此段大概意思是，有人用《庄子·胠箧》冒充《胠乱》。其实《鬼谷子》一书，是非常崇尚计谋的，而且祖述先圣的智慧。而《庄子·胠箧》一篇是对“圣人”的批评，要求做到绝圣弃智，这些并不是《鬼谷子》一书的意图，因此并无所取之处。也有人说，《转丸》与《胠箧》两篇，本来就是《本经》与《中经》两篇。

【注解二·秦恩复注】

案唐赵蕤《长短经·反经篇》引《鬼谷子》曰：“将为

胠箧探囊发匮之盗，为之守备，则必摄缄縢（téng），固扃（jiōng）镝（jué）。此代俗之所谓智也。然而巨盗至，则负匮、揭箧，担囊而趋。唯恐缄縢扃镝之不固也。然则向之所谓智者，有不为盗积者乎？其所谓圣者，有不为大盗守者乎？何以知其然耶？昔者齐国邻邑相望，鸡狗之音相闻，罔罟（gǔ）之所布，耒耨（lěi nòu）之所刺，方二千余里，阖四境之内，所以立宗庙社稷、治邑（yì）屋州闾（lǘ）乡里者，曷（hé）常不法圣人哉？然而田成子一朝杀齐君而盗其国，所盗者岂独其国耶？并与圣智之法而盗之。故田成子有乎盗贼之名，而身处尧舜之安，小国不敢非，大国不敢诛，十二代而有齐国。则是不乃窃齐国并与其圣智之法，以守其盗贼之身乎？跖之徒问于跖曰：'盗亦有道乎？'跖曰：'何适而无有道耶？夫妄意室中之藏，圣也；入先，勇也；出后，义也；知可否，智也；分均，仁也。五者不备而能成大盗者，天下未之有也。'由是观之，善人不得圣人之道不立，盗跖不得圣人之道不行。天下之善人少，而不善人多。则圣人之利天下也少，而害天下也多矣。"

其文与《庄子》小异，即注所云，或有取庄周《胠箧》而充次第者也。窃疑《鬼谷》篇目既经陶弘景删定，不应唐世尚有此篇。赵蕤生于开元，与尹知章同时，可为是尹非陶之证。录之以俟博考。

此段首先引用的是庄子之《胠箧》篇的内容，重点讨论的是绝圣弃智的问题。同时通过盗跖与其从人的对话，讨论了盗亦有道的问题。其后，此段的大概意思是，引文与庄子《胠箧》篇在内容上大同小异，就像注解中所说的那样，有的人就把庄子的《胠箧》篇当作《胠乱》篇而充数了。（作者）暗自怀疑，《鬼谷子》的篇目既然经过了陶弘景的删定处理，那么唐代就不应该再存有此篇。赵蕤生在唐代开元年间，与尹知章同时，可以看出这是尹知章所注而非陶弘景所注的证据。因此，把原文抄录下来以供博学之士来做具体考证。

# 本经阴符七术

## 题 解

“本”，根本、根基、根源之意，在此引申为本心、内心。“经”，方法、原则。“本经”，就是在探讨如何修心的方法，也就是对内心精神追求方法的探讨。“阴”，暗中、潜在。“符”，代指符节、兵符等，在此引申为调兵遣将、上传下达命令等传达各种信息的一种凭证。“阴符”，暗中谋划。

本篇命名《本经阴符》，主要讨论的是用修心之法达到内心计划与外在行动的一致。《太平御览》未见引用本篇，陶弘景题注曰：“阴符者，私志于内，物应于外，若合符契，故曰阴符。由本以经末，故曰本经。”陶弘景此注的意思是，所谓“阴符”，在内有潜在的修行，在外与万物相应，内外互相契合，所以叫作“阴符”。通过根本而接触末梢，所以称作“本经”。

从内容上来看，《本经阴符七术》主要是在讨论谋策之士如何内修心灵、精神、意志，从而达到自由支配外部其他器官的目的，最终收到内外相互契合效果的问题。《本经阴符七术》全篇一共分作七个相互独立的部分，每一部分探讨一个相对独立的问题，但是之间又有联系，从而构成一篇有机的整体。《本经阴符七术》的七个部分包括：盛神法五龙、养志法灵龟、实意法螣蛇、分威法伏熊、散势法鸷鸟、转圆法猛兽和损兑法灵蓍。具体来看，《本经阴符七术》的七个部分论述的内容如下：

第一部分，盛神法五龙。本部分主要讨论如何存蓄神气，所谓“盛神中有五气，神为之长”。从中可以看出神气乃人之五气之中最为重要的部分，因此如何存蓄神气，则是本部分着重探讨的内容。

第二部分，养志法灵龟。“志”，即人内心的欲望。所谓“养志”，即如何控制或者把握自我内心的欲望。需要指出的是，“养志”是在“盛神”的基础上开始的，也就是当神气充沛之后，才有欲望躁动，而当欲望躁动时才需要去学会控制或把握欲望。

第三部分，实意法螣蛇。“意”，即意念，代指人的心理活动。本部分主要对“心欲安静，虑欲深远”问题进行探讨。也就是说，人的内心安静与否，实际关系到思虑的远近。

第四部分，分威法伏熊。“分”，即分散。“分威”，就是如何分散对方内在的威力。

第五部分，散势法鸷鸟。需要注意的是，此部分的“散势”与上一部分的“分威”密切相关，都是在探讨如何削弱对方的威势。

第六部分，转圆法猛兽。“转圆”，意味着是一个连续不断的过程，而此部分主要探讨如何让自己的计谋源源不断地出现。

第七部分，损兑法灵蓍。“损兑”，就是在计谋中减少直率，而多求变化。

综上所述，七个部分最主要探讨了两个问题，即如何蓄养神气与如何策划计谋。

下面，分别对《本经阴符七术》的七个部分进行探讨。

## 盛神法五龙①

【原文】

盛神中有五气，神为之长，心为之舍，德为之大②，养神之所归诸道③。道者，天地之始，一其纪也④，物之所造，天之所生，包宏无形，化气，先天地而成⑤，莫见其形，莫知其名，谓之神灵⑥。

【注释】

①“盛”，旺盛，这里作动词，“使……旺盛”。“神”，精神。“盛神”，使精神旺盛。此句意思是，用人身体中的五气（在此用五龙比喻）来贮养精神。**陶弘景注：**“五龙，五

行之龙也。龙则变化无穷，神则阴阳不测，故盛神之道法五龙也。”意思是，所谓五龙，即五行金、木、水、火、土的神气。五龙变化多端，而神气则有阴阳之分，因此盛神之术就是效仿五龙的方法。

②“五气”，即人的五脏所表现出的五种神气。具体而言，即心、肝、脾、肺、肾五气所表现出的神、魂、魄、精、志。“长”，主管、主宰。“舍”，即居所。“大”，这里做动词用，使……壮大。这几句意思是，旺盛的精神之中主要包括五气，而在这五气之中，神是主管，心是居所，德可以使神壮大。

③“道”，春秋战国时期，道家提出的宇宙的根源及其发展的客观规律。此句意思是，蓄养神气的具体办法，就是将神气归于道。**陶弘景注：**“五气，五藏之气也。谓精、神、魂、魄、志也。神居四者之中，故为之长；心能含容，故为之舍；德能制御，故为之大。然则养神之所宜，归之于道也。”意思是，所谓五气，即五脏心、肝、脾、肺、肾之气，其实也就是人的神、魂、精、魄、志。神在其中，是其余四者的主宰；心能够包含万事，所以是居所；德可以控制驾驭，所以可以使神壮大。然而蓄养神气最适宜的方法，就是将神气归入道。

④“纪”，通“基”，基础。这几句意思是，所谓道，也就是天地万物的开端，而一则是它的基础所在。

⑤“造”，创造、生成。这几句意思是，万事万物皆是

由道所创造生成的，天地也是由道所产生的，道能够包容一切而又无影无形，可以幻化为气，道在天地生成以前就已经生成了。

⑥**陶弘景注**：“无名，天地之始。故曰道者，天地之始也。道始所生者一，故曰一其纪也。言天道混成，阴阳陶铸，万物以之造化，天地以之生成，包容宏厚，莫见其形。至于化育之气，乃先天地而成，不可以状貌诘，不可以名字寻，妙万物而为言，是以谓之神灵也。”意思是，无名，即天地之开始。所以说，道乃天地之始也。道最开始所生的是“一”，所以说“一”是其基础。在此说天道是浑然天成的，阴阳陶铸，万物以道为造化，所以天地从道所生成，道可以包容万物，但是没有办法看到它的形状。至于说道变化为气，是先于天地而生成的，是没有办法对它进行描摹的，也是没有办法从名字上来寻找它的，因此是十分奇妙而无法言说的，所以把它称为神灵。

## 【译文】

旺盛的精神之中主要包括五气，而在这五气之中，神是主管，心是居所，德可以使神壮大。蓄养神气的具体办法，就是将神气归于道。所谓道，也就是天地万物的开端，而“一”则是它的基础所在。万事万物皆是由道所创造生成的，天地也是由道所产生的，道能够包容一切而又无影无形，可以幻化为气。在天地生成以前道就已经生成了，既没有办法看到它的形状，也没有办法知道它的名字，因此只能称它为“神灵”。

【原文】

故道者，神明之源，一其化端[①]。是以德养五气，心能得一，乃有其术[②]。术者，心气之道所由舍者，神乃为之使[③]。九窍十二舍者，气之门户，心之总摄也[④]。生受于天，谓之真人[⑤]。真人者，与天为一[⑥]。

【注释】

①“源”，本源、源头。这几句意思是，因此而言，所谓“道”，也就是神明的本源，而“一”则是道变幻莫测的开端。

②“得”，得到、达到。这几句意思是，因此，要依靠德来蓄养五气，这样内心才能达到“一”的境界，那么道术也就自然而然地产生了。**陶弘景注：**“神明禀道而生，故曰道者，神明之源也。化端不一，则有时不化，故曰一其化端也。循理有成，谓之德，五气各能循理，则成功可致，故曰德养五气也。一者，无为而自然者也。心能无为，其术自生。故曰心能得一，乃有其术也。”意思是，神明是秉承道而产生的，所以说道是神明的本源。道以“一”为变化的开端，并且道是变幻莫测的，而有时又是不会变化的，所以说“一”是道变化的开端。道遵循理的发展而称之为德，五气

各自都可以遵循理发展，那么就可以成功了，所以说德养五气。所谓“一”，其实就是顺应自然无为而治的意思。如果人的内心可以无为，那么道术也就自然而然地产生了。因此而言，如果人的心灵可以达到“一”的境界，那么就会有道术了。

③“舍”，居所。这几句意思是，这种道术，其实就是把心气从其居所之中引导出来，而神则是它的使者。**陶弘景注**：“心气合自然之道，乃能生术。术者，道之由舍，则神乃为之使。”意思是，心与气自然相契合，也就可以由此产生道术。所谓道术，其实也是由心之居所产生的，而神则受它的使唤。

④“十二舍”，即人体的十二种器官，具体指人的心、肝、脾、肺、肾、胃、膀胱、大肠、小肠、胆、膻中、三焦。“摄”，统摄、统领。“总摄”，总的统摄、统领。这几句意思是，人体的九窍与人体的十二舍，都是气所出入的门户，而心则是它们总的统领。

⑤“受”，秉承、秉受。这两句意思是，生而秉承天意，可以称为真人。

⑥这句话意思是，所谓真人，是可以与天化而为一的。**陶弘景注**：“十二舍者，谓目见色，耳闻声，鼻臭香，口知味，身觉触，意思事，根境互相停舍。舍有十二，故曰十二舍也。气候由之出入，故曰气之门户也。唯心之所操舍，故曰心之总摄也。凡此皆受之于天，不亏其素，故曰真人。真

人者，体同于天，故曰与天为一也。”意思是，所谓“十二舍”，也就是说眼睛可以看到颜色，耳朵可以听到声音，鼻子可以闻到香臭，嘴巴可以感知味道，身体可以感到触觉，心意可以察觉事情，如此称为“十二舍”。气从这里出入，所以说是气的门户之地。只有人的心灵是可以操控“舍”的，所以说心是它们总的统领。凡此种种皆上受于天，所以称作真人。所谓真人，即与天相互化为一体。

【译文】

因此而言，所谓“道”，也就是神明的本源，而“一”则是道变幻莫测的开端。因此，要依靠德来蓄养五气，这样内心才能达到“一”的境界，道术也就自然而然地产生了。这种道术，其实就是把心气从其居所之中引导出来，而神则是它的使者。人体的九窍与人体的十二舍，都是气所出入的门户，而心则是它们总的统领。生而秉承天意，可以称为真人。所谓真人，是可以与天化而为一的。

【原文】

内修炼而知之，谓之圣人；圣人者，以类知之①。故人与一生，出于物化②。知类在窍，有所疑惑，通于心术，心无其术，必有不通③。其通也，五气得养，务在舍神，此谓之化④。化有五气者，志也，思也，神也，德也，神其一长也⑤。

【注释】

①“类知”，触类旁通地认知万事万物。此句意思是，通过内在的修炼学习而获得道的境界的，可以称之为圣人；而圣人，是靠着触类旁通的方法去认知世界万事万物的。**陶弘景注：**“内修炼，谓假学而知者也。然圣人虽圣，犹假学而知，假学即非自然，故曰以类知之也。”意思是，内在的修炼，可以借助学习的方法体会“道”。圣人虽然圣明，仍然需要借助学习才可以获知，借助学习就是非自然的，因此称之为“类知”。

②这句意思是，因此说人与“道”所共生，并且随着万物的变化而发生变化。**陶弘景注：**“言人相与生在天地之间，得其一耳。但既出之后，随物而化，故有不同也。”意思是，人生于天地之间，是可以得到“一”的，而“一”也就是“道”。但是“道”出现以后，是随着万物的变化而发生变化的，所以是各有不同的。

③“知类”，对于同类事物触类旁通。“窍”，人的九窍。这几句意思是，人对事物触类旁通的理解主要通过九窍，如果通过九窍的感知存有疑惑的话，那么就需要通过心来思考解决。如果心里没有道术的话，那么也就会因此而产生堵塞。**陶弘景注：**“窍，谓九窍也。言知事类在于九窍，然九窍之所疑，必与心术相通。若乃心无其术，术必不通也。”意思是，窍，即九窍。察知事物之道在于九窍，而九窍所产生的怀疑，一定是与道术相通的。如果心里没有道术

的话，那么这些道术就不会相通。

④“舍神”，让“神”归入十二舍之中。**陶弘景注：**“心术能通，五气自养。然养五气者，务令神来归舍，神既来舍，自然随理而化也。”意思是，如果心之道术可以畅通，那么五气自然就可以得到涵养。而涵养五气的方法，则是必须让“神”归入十二舍之中。当“神”已经归入十二舍之中，那么也就可以自然地随着物理的变化而进入出神入化之境了。

⑤“长”，居于首位。这几句意思是，出神入化之境所有的五气，可能会产生志、思、神、德，而其中神则是居其首位的。**陶弘景注：**“言能化者，在于全五气。神其一长者，言能齐一志思而君长之。”意思是，在此所说的能够达到的出神入化之境地，取决于将五气聚全。“神”则是其中的第一位，因此“神”能将志与思相统一。

## 【译文】

通过内在的修炼学习而获得道的境界的，可以称为圣人；而圣人，是靠触类旁通的方法去认知世界的万事万物。因此，人与道所共生，并且随着万物的变化而发生变化。人对事物触类旁通的理解主要通过九窍，如果通过九窍的感知存有疑惑的话，那么就需要通过心来思考解决。如果心里没有道术的话，那么也就会因此而产生堵塞。如果可以达到畅通无碍，那么就需要将五气进行涵养，这就必须让神归入十二舍之中，这样就可以称作出神入化之境了。出神入化之境所有的五气，可能会产生志、思、神、德，而其中“神”则是居其首位的。

## 【原文】

静和者养气，气得其和①。四者不衰，四边威势，无不为存而舍之，是谓神化②。归于身，谓之真人③。真人者，同天而合道，执一而养产万类，怀天心，施德养，无为以包志虑思意，而行威势者也④。士者通达之，神盛乃能养志⑤。

## 【注释】

①“和”，融合贯通。这两句意思是，宁静平和之人善养五气，而且可以使五气相互融合贯通。

②“四者”，志、思、神、德。**陶弘景注：**“神既一长故能静和而养气，气既养，德必和焉。四者谓志、思、神、德也。是四者能不衰，则四边威势，无有不为常存而舍之，则神道变化，自归于身。”意思是，神既然能够居于首位，所以能够使人宁静平和而善养五气，五气既养，那么德就能够达到融和、贯通。四者指的是志、思、神、德。这四者如果能够长盛不衰，那么四边威势便可以无往而不胜，因此神道的千变万化，都是归于自身的。

③**陶弘景注：**“神化归身，可谓真人也。”意思是，将此神化之境归于肉身，便可以称作真人。

④“执”，执守、坚持。“包”，包蕴、涵盖。这几句的意思是，所谓真人，可以与天相融合而达到大道之境。执守“一”而生产蓄养万事万物，怀有上天之心，施行道德以养万物，采用无为之术而包蕴志、虑、思、意，从而施行威势。

⑤“神盛”，精神旺盛。此句意思是，士如果能够通达这个道理的话，就可以使自己精神旺盛而蓄养自己的意志。**陶弘景注：**“一者，无为也。言真人养产万类，怀抱天心，施德养育，皆以无为为之，故曰执一而养产万类。至于志、意、思、虑运行，威势莫非自然循理而动，故曰无为以包也。然通达此道，其唯善为士者乎？既能盛神，然后乃可养志也。”意思是，所谓“一”，就是无为。所说的真人可以生产蓄养万事万物，怀抱天意，施行仁德用以养育，都是用无为之道做到的，因此说是执守“一”而可以生产蓄养万事万物。至于志、意、思、虑，运行威势，都是依据自然物理发展而运动的，所以说是用无为之道可以包容。然而能够通达这种道理的，只有善为之士吗？既然能够使得精神旺盛，然后才可以蓄养自己的意志。

## 【译文】

宁静平和之人善养五气，而且可以使五气相互融和贯通。志、思、神、德四者长盛不衰，那么四边威势即可得以展现，由此便可以无往而不胜，这就称作神化之境。将此神化之境归于肉身，便可以称作真人。所谓真人，可以与天相融和而达到大道之境。执守“一”而生产蓄养万事万物，怀有上天之心，施行道德以养万物，采用无为之术而包养志、虑、思、意，从而施行威势。士如果能够通达这个道理的话，就可以使自己精神旺盛而蓄养自己的意志。

## 养志法灵龟[①]

【原文】

养志者，心气之思不达也[②]。有所欲，志存而思之[③]。志者，欲之使也[④]。欲多则心散，心散则志衰，志衰则思不达[⑤]。故心气一，则欲不徨；欲不徨，则志意不衰；志意不衰，则思理达矣[⑥]。理达则和通，和通则乱气不烦于胸中[⑦]。故内以养志，外以知人[⑧]。养志则心通矣，知人则职分明矣[⑨]。

【注释】

①“志”，个人心志、意志。**陶弘景注**：“志者察是非，龟能知吉凶，故曰养志法灵龟。”意思是，志者可以明察是非，乌龟可以预知吉凶之兆，所以说“养志法灵龟”。

②“思”，内心思绪。这两句意思是，所谓养志，是因为心中之气所郁结的思绪不够通达。**陶弘景注**：“言以心气不达，故须养志以求通也。”意思是，因其心中之气不够畅达，所以需要通过养志的方法以求得通达。

③“思”，思考、思虑。这两句意思是，如果想要思绪通达，就需要凭借养志而深入思考。

④这句意思是，所谓“志”，会受到内心欲望的驱使。

⑤“散”，涣散。这几句意思是，内心的欲望一旦过多就会导致心气涣散，心气一旦涣散就会导致志的衰竭，志的衰竭就会导致思绪不能通达。**陶弘景注：**“此明纵欲者，不能养气志，故所思不达也。”意思是，这就是为了说明放纵欲望之人，不能通过养气而获得志，所以思绪会有不通达之处。

⑥“徨”，惶惶不安。这几句意思是，所以说人的心气如果能够专一，那么欲望就不会让人内心惶惶不安；如果欲望没有使人内心惶惶不安，那么人的志意就不会衰减，志意没有衰减，那么思虑的道理就会通达。**陶弘景注：**“此明寡欲者，能养其志，故思理达矣。”意思是，这句话是说清心寡欲之人，能够蓄养其志，所以他所思虑的道理就会通达。

⑦这句意思是，思虑的道理如果通达了，那么和气自然相通。和气相通，那么乱气就不会郁结在胸中而使人烦闷。**陶弘景注：**“和通则莫不调畅，故乱气自消。”意思是，心气平和通达之后就没有不调和不顺畅的地方了，因此乱气自然也就由此消失了。

⑧这句意思是，所以说，需要对内进行养志，对外就可以了解他人。

⑨这句意思是，养志可以使人心气通达，了解他人就可以做到人尽其职且职责分明。**陶弘景注：**“心通则一身泰，职

明则天下平。”意思是，内心通畅就可以使人一身通泰，职责分明就会天下太平。

【译文】

所谓养志，是因为心中之气所郁结的思绪不够通达。如果想要思绪通达，就需要凭借养志而深入思考。所谓“志”，会受到内心欲望的驱使。内心的欲望一旦过多，就会导致心气涣散，心气一旦涣散，就会导致志的衰竭，志的衰竭就会导致思绪不能通达。所以说人的心气如果能够专一，那么欲望就不会让人内心惶惶不安；如果欲望没有使人内心惶惶不安，那么人的志意就不会衰减，志意没有衰减，那么思虑的道理就会通达。思虑的道理如果通达了，那么和气自然相通。和气相通，那么乱气就不会郁结在胸中而使人烦闷。所以说，对内进行养志，对外就可以了解他人。养志可以使人心气通达，了解他人就可以做到人尽其职且职责分明。

【原文】

将欲用之于人，必先知其养气志①。知人气盛衰，而养其志气，察其所安，以知其所能②。志不养，则心气不固③；心气不固，则思虑不达；思虑不达，则志意不实④；志意不实，则应对不猛；应对不猛，则志失而心气虚⑤；志失而心气虚，则丧其神矣；神丧，则髣髴；髣髴，则参会不一⑥。养志之始，务在安己；己安，则志意实坚⑦；志意实坚，则威势不分，神明常固守，乃能分之[8]。

【注释】

①这句意思是，如果要对他人使用养志之法，那么就必须知道对方是如何养气与养志的。

②“所安”，心中所有的想法。“所能”，所能够做的事情，即对方的个人才能。这几句的意思是，察知人的心气是盛是衰，就需要通过养志与养气的方法去获知，由此可以获知他心中的想法，以及他的个人才能。**陶弘景注**：“将欲用之于人，谓以养志之术用人也。养志则气盛，不养则气衰。盛衰既形，则其所安所能可知矣。然则善于养志者，其唯寡欲乎。”意思是，“将欲用之于人”，就是将养志之术使用在其他人身上。养志可以使人心气旺盛，不养志则使人心气衰减。盛衰之理一旦形成，那么就可以知道对方心中所想以及才能所在。然而那些善于养志之人，应该都是清心寡欲的吧。

③“固”，牢固、稳固。这两句意思是，如果不能养志，那么心气就没办法稳固。

④这句意思是，心气不能稳固，那么所有思虑之事就不能通达；思虑之事不能通达，那么意志就不充实。

⑤“猛”，迅速、反应灵敏。这几句意思是，意志不充实，那么反应与对策就不够迅速灵敏；反应与对策不够迅速灵敏，那么就会形成志的缺失以及心气发虚。

⑥“髣髴”，即“仿佛”，精神恍惚。这几句意思是，

志的缺失以及心气发虚，就会造成神的丧失。神的丧失，就会造成精神恍惚；精神恍惚，就会导致志、心、神三者的参会没有办法专一和谐。**陶弘景注：**“仿佛，不精明之貌；参会，谓志、心、神三者之交会也。神不精明则多违错，故参会不得其一也。”意思是，仿佛，不精明的状态；参会，也就是说志、心、神三者相互交会。神志不够精明就会发生很多错误之处，所以志、心、神三者的参会就没有办法和谐专一。

⑦这句意思是，养志的开始，务必让自己安静下来。自己安静下来，那么志和意就能够充实坚定。

⑧“神明”，人的精神。这几句意思是，志和意能够充实坚定，那么威势就不会分散，由此人的精神也就可以固守在身上，从而才可以分散对方的威势。**陶弘景注：**“安者谓寡欲而心安也。威势既不分散，神明常来固守。如此则威积而势震物也。上‘分’，谓散亡也，下‘分’，谓我有其威，而能动彼，故曰乃能分之也。”意思是，所谓“安”，就是让人清心寡欲而追求内心安宁。威势既然不能分散，那么人的精神就会固守在身体之中。如此就可以使得威势积聚，从而达到震慑他物的效果。第一个“分”，就是说散亡；第二个“分”，就是说我有威势，所以能够震慑对方，因此说可以分散对方的威势。

## 【译文】

如果要对他人使用养志之法，那么就必须知道对方是如何养气与养志的。察知人的心气是盛是衰，就需要通过养志与养气的方法去获知，由此可以获知他心中的想法，以及他的个人才能。如果不能养志，那么心气就没办法稳固。心气不能稳固，那么所有思虑之事就不能通达；思虑之事不能通达，那么意志就不充实。意志不充实，那么反应与对策就不够迅速灵敏；反应与对策不够迅速灵敏，那么就会形成志的缺失以及心气发虚。志的缺失以及心气发虚，就会由此造成神的丧失。神的丧失，就会造成精神恍惚；精神恍惚，就会导致志、心、神三者的参会没有办法专一和谐。养志的开始，务必让自己安静下来。安静下来，那么志和意就能够充实坚定。志和意能够充实坚定，那么威势就不会分散，由此人的精神也就可以固守在身上，才可以分散对方的威势。

## 实意法螣蛇[①]

【原文】

实意者，气之虑也[②]。心欲安静，虑欲深远[③]。心安静则神策生，虑深远则计谋成；神策生则志不可乱，计谋成则功不可间[④]。意虑定则心遂安，心遂安则所行不错，神自得矣，得则凝[⑤]。识气寄，奸邪而倚之，诈谋而惑之；言无由心矣[⑥]。故信心术，守真一而不化，待人意虑之交会，听之候也[⑦]。

【注释】

①“意”，思虑。“实意”，充实内心的思虑，或者说提高自己的思考能力。“螣（téng）蛇”，又作腾蛇，传说中一种会飞的蛇。**陶弘景注**：“意有委曲，蛇能屈伸，故实意者，法螣蛇也。”意思是，人的意志与思虑是可以弯曲的，蛇是能够自由屈伸的，所以“实意”是师法螣蛇的。“实意法螣蛇”，意思与**陶弘景注**一样，人的意志与思虑可以像螣蛇一样能够自由屈伸。

②“虑”，思虑、考虑，此处作名词。这两句意思是，所谓实意，就是通过心气表现出的思虑，其实就是如何充实自己的思考能力。**陶弘景注**：“意实则气平，气平则虑审。故曰实意者气之虑也。”意思是，内心的思虑充实，那么心气就可以平和，心气平和就会思虑审慎。

③这句意思是，人的内心在思虑的时候如果表现得非常安静，那么思虑也就会更加深远。

④“间”，间歇、停顿。“功不可见”，在此指可以圆满成功。这几句意思是，内心安静平和，那么神奇的计策就可以由此生成；思虑深远的话，那么所思虑的计谋就可以由此成功。神奇的计策得以生成，那么志就不会发生混乱；计谋能够成功的话，那么事情就会取得圆满成功。**陶弘景注**：“智不可乱，故能成其计谋；功不可间，故能宁其邦国。”意思是，智谋不可以混乱，所以就能够使计谋成功；事情取得圆满成功，所以就能安邦定国。

⑤“凝”，本指凝聚，在此指精力凝聚、聚精会神。这几句意思是，意志思虑定下之后，那么内心就会安宁平和；内心安宁平和，所有施行之事就不会产生差错，由此“神”就可以自然得到了，得到“神”之后就会达到聚精会神的状态。**陶弘景注：**“心安则无为而顺理，不思而元览。故心之所行不错，神自得之。得则无不成矣。凝者，成也。”意思是，内心安宁就会达到无为而顺应自然之理的境界，不过分思虑就可以遍览天地万物的状态。所以，内心所行没有差错，那么“神”就会自然得到。如果得到了“神”，那么就没有什么是做不成功的。所谓“凝”，也就是成功之意。

⑥“寄”，寄托。“识气寄”，通过识别气而发现内心有所寄托。**陶弘景注：**“寄谓客寄。言识气非真，但客寄耳。故奸邪得而倚之，诈谋得而惑之，如此则言皆胸臆，无复由心矣。”意思是，寄就是客寄，也就是内心有所寄托之意。所说识别气并非真的，只是有所寄托而已。所以，奸邪之徒就会趁机而入，奸诈的谋算也会由此施行而迷惑他人。像这样的话，所言就仅仅是出自胸臆而非真心。

⑦“真一”，此指人的真气。“化”，外化，散发。这几句意思是，所以说信守心术，守住“真一”而不时外化，待人接物倾心诚意而使彼此交会贯通，那么由此对于事物的发展变化就可以听之任之了。**陶弘景注：**“言心术诚明而不亏，真一守固而不化，然后待人接物，彼必输诚尽意，智者虑能，明者献策，上下同心，故能谋虑交会也。用天下之耳

听，故物候可知矣。”意思是，心术至诚至明而没有亏缺，守住“真一”而不外化，然后接人待物，彼此都可以倾心诚意，智者提供谋虑，明者建言献策，上下同心协力，所以能够使得谋虑交会贯通。用天下之耳倾听，那么物候就可以得知了。

【译文】

所谓实意，就是通过心气表现出的思虑，其实也就是如何充实自己的思考能力。人的内心在思虑的时候如果非常安静，那么思虑也就会更加深远。内心安静平和，神奇的计策就可以由此生成；思虑深远的话，所思虑的计谋就可以由此成功。神奇的计策得以生成，志就不会发生混乱；计谋能够成功的话，那么就会取得圆满成功。意志思虑定下之后，内心就会安宁平和；内心安宁平和，那么所有施行之事就不会产生差错，由此“神”就可以自然得到了。得到“神”之后就会达到聚精会神的状态。通过识别气而发现内心有所寄托，奸邪之徒就会趁机而入并有了依靠，奸诈的谋算由此被施行而迷惑他人，由此就会出现言不由衷的情况。所以说信守心术，守住真气而不时外化，待人接物倾心诚意而使彼此交会贯通，那么由此对于事物的发展变化就可以听之任之了。

【原文】

计谋者，存亡之枢机[①]。虑不会，则听不审矣[②]。候之不得，计谋失矣，则意无所信，虚而无实[③]。故计谋之虑，务在实意；实意必从心术始[④]。无为而求安静五脏，和通六腑[⑤]；精神魂魄固守不动，乃能内视、反听、定志[⑥]。虑之太虚，待神往来[⑦]。以观天地开辟，知万物所造化，见阴阳之终始，原人事之政理[⑧]。不出户而知天下，不窥牖而见天道；不见而命，不行而至[⑨]。是谓道知，以通神明，应于无方，而神宿矣[⑩]。

【注释】

①“枢机”，关键。此句意思是，所谓计谋，是生死存亡的关键所在。

②“虑不会”，思虑与事物不能相互交会。“审”，审慎、小心。这两句意思是，如果思虑与事物不能相互交会，那么所听到的就不审慎。

③“候”，等候，在这里是等候的消息。这几句意思是，如果所等候的消息没有得到，那么计谋就会失败，因此思虑也就失去应有的信任，由此则会造成只有虚情而毫无实意。**陶弘景注**：“虑不合物，则听者不为己听，故听不审矣。听既不审，候岂得哉！乖候而谋，非失而何，计既失矣，意何所信，惟有虚伪，无复诚实也。”意思是，思虑与事物不能相互符合，那么听者就不会为自己所听，因此听到的内容也就不审慎。听到的内容如果不审慎，期望得到的消息岂能得到？期望得到的消息有误而又据此谋划，肯定就会

存在失误。计谋既然已经有所失误，思虑也将失去信任，只有虚伪，而不存在诚实了。

④“心术”，静心之术。这几句意思是，因此而言，所有计谋的思虑，务必做到实意，而实意必须是从静心之术开始的。**陶弘景注：**“实意则计谋得，故曰务在实意；实意由于心安，故曰必在心术始也。”意思是，实意可以使得计谋成功，所以务必要有实意；而做到实意的前提是要心安，所以说必须从静心之术开始。

⑤“五脏”，即人体的心、肝、脾、肺、肾。“六腑”，即人体的胃、大肠、小肠、三焦、膀胱、胆。这两句意思是，遵循无为之道，而追求五脏的安静，以及六腑的融和互通。

⑥“内视”，用心去看。“反听”，用心倾听。“定志”，安定心志。这几句意思是，精神魂魄固守不动，由此才能做到用心去看、用心倾听、安定心志。

⑦“太虚”，虚无空明的境界。这两句意思是，思虑如果达到虚无空明的境界，那么精神就可以做到往来自由了。**陶弘景注：**“言欲求安心之道，必先寂澹无为。如此则五脏安静，六腑和通，精神魂魄各守所司，澹然不动则可以内视无形，反听无声，志虑宅太虚，至神明千万往来归于己也。”意思是，想要获得安心的办法，就必然要做到寂淡无为。如此才可以使得五脏安静、六腑和通，精神魂魄各司其职，淡然不动就可以看到内在无形的东西，用心倾听而悄然无声，志虑达到虚无空明的境界，那么精神即可自由往来。

⑧“造化”，事物发展变化的规律。“原”，推原、推演。这几句意思是，由此就可以做到观看天地开辟，察知万物的造化规律，看见阴阳的始终规律，推原人事管理的内在道理。

⑨“牖”，通“诱”，本意为窗户。这几句意思是，足不出户就可以察知天下大事的发展变化，不去窥看窗户就能够得知天道自然的发展变化，没有看见事情的发生就可以预先下达命令，不去具体实行就可以获得成功。**陶弘景注**：“唯神也，寂然不动，感而遂通天下之故，能知于不知，见于不见，岂待出户窥牖，然后知见哉？同于不见而命，不行而至也。”意思是，唯独“神”，可以寂然不动，可以感知天下的变故，能够知道别人不知道的事物，看到别人看不到的事物，岂待出门窥窗，然后才可以知见？

⑩“应于无方”，达到道知状态之后的无所不能。这几句意思是，这就是称作“道知”，可以与神明相通而应对万事无所不能，那么神亦来此栖宿了。**陶弘景注**：“道，无思也，无为也。然则道知者，岂用知而知哉？以其无知，故能通神明，应于无方而神来舍矣。宿犹舍也。”意思是，道，就是无思无为之意。然而道知者，岂是用知而知的？以其无知，所以才能够与神明相通，由此达到道知的状态，而神明亦来此宿舍。

【译文】

所谓计谋，是生死存亡的关键。如果思虑与事物不能相互交会，那么所听到的就会不够审慎。如果所等候的消息没有得到，那么计谋就会失败，思虑也就失去应有的信任，由此则会造成只有虚情而毫无实意。因此，所有计谋的思虑，务必做到实意，而实意必须是从静心之术开始的。遵循无为之道，追求五脏的安静，以及六腑的融和互通。精神魂魄固守不动，由此才能做到用心去看、用心倾听、安定心志。思虑如果达到虚无空明的境界，那么精神就可以做到往来自由了。由此就可以做到观看天地开辟，察知万物的造化规律，看见阴阳的始终规律，推演人事管理的内在道理。足不出户就可以察知天下大事的发展变化，不去窥看窗户就能够得知天道自然的发展变化，没有看见事情的发生就可以预先下达命令，不去具体实行就可以获得成功。这就是称作道知，可以与神明相通而应对万事无所不能，那么“神”亦来此栖宿了。

## 分威法伏熊[1]

【原文】

分威者，神之覆也[2]。故静意固志，神归其舍，则威覆盛矣[3]。威覆盛，则内实坚；内实坚，则莫当[4]；莫当，则能以分人之威而动其势，如其天[⑤]。以实取虚，以有取无，若以镒称铢[⑥]。

【注释】

①“分威”，散发自己的威势。**陶弘景注**：“精虚动物谓之威，发近震远谓之分。熊之搏击，必先伏而后动，故分威法伏熊也。”“精虚”，在此为使动用法，意思为使人精神发虚，即让人害怕的意思。意思是，让人害怕的动物称作威，从近处发动而可以威震远方称作分。熊在搏击的时候，必然是先伏着身体然后才开始行动，所以叫“分威法伏熊”。

②“覆”，通“伏”，蛰伏、蓄积。此句意思是，分威，即散发自己的威势，也就是需要先进行蛰伏蓄积，让“神”伏在其中。**陶弘景注**：“覆，犹衣被也。神明衣被，然后其威可分也。”意思是，覆，就像衣服披在外面。神明把衣服披在外面进行掩饰，然后他的威势就可以分散了。

③“静”，在此做动词使用，使……安静。**陶弘景注**：“言致神之道，必须静意固志，自归其舍，则神之威覆隆盛矣。舍者，志意之宅也。”意思是，所说如何达到神的境界，必须使自己的意志宁静固守，归于自己的内心之中，然后神威才能够真正达到发散兴盛的地步。所谓“舍”者，也就是志意所宅居的地方。

④“当”，通“挡”，阻挡、抵挡。这两句意思是，威势

发覆隆盛，内心就会充实坚定；内心充实坚定，就没有什么可以阻挡自己的。

⑤这句意思是，如果没有什么可以阻挡自己的，那么就能够分散他人的威力，而且撼动他人的势力，由此就会使得万物肃然起敬，就像敬畏上天一样。**陶弘景注**："外威既盛，则内志坚实，表里相副，谁敢当之。物不能当，则我之威分矣。威分势动，则物皆肃然，畏敬其人若天也。"意思是，对外的威势既然已经十分隆盛，那么内在的意志就需要坚定充实，表里相互统一，那么就没有谁再可以阻挡。万物都不能阻挡，那么我方的威势就可以散发出来了。威势散发启动之后，那么万物皆肃然起敬，敬畏其人就像敬畏上天一样。

⑥"镒（yì）""铢（zhū）"，我国古代的称重砝码。"以镒称铢"，是指用重的砝码去称量轻的物品，在此比喻做事轻而易举。**陶弘景注**："言威势既盛，人物肃然，是我实有而彼虚无，故能以我实取彼虚，以我有取彼无，其取之也，动必相应，犹称铢以成镒也。二十四铢为两，二十四两为镒也。"意思是，所说威势既然已经十分隆盛，人与物都会肃然起敬，我方实有而对方虚无，所以能够以我方的实有攻取对方的虚无，这样的获取，就像用镒称铢一样容易。二十四铢为一两，二十四两为一镒。

## 【译文】

分威，即散发自己的威势，就是需要先进行蛰伏蓄积，让神伏在其中。因此，如果使得自己的意志宁静固守，神归于自己的心中，那么威势就可以由此达到发覆隆盛的地步。威势发覆隆盛，那么内心就会充实坚定；内心充实坚定，那么就没有什么可以阻挡自己。如果没有什么可以阻挡自己，那么就能够分散他人的威力而且撼动他人的势力，由此就会使得万物肃然起敬，就像敬畏上天一样。用我方的充实去攻取对方的空虚，用我方的富有去攻取对方的虚无，就像用镒去称量铢一样，可以轻而易举地获得。

【原文】

故动者必随，唱者必和[①]。挠其一指，观其余次，动变见形，无能间者[②]。审于唱和，以间见间，动变明而威可分也[③]。将欲动变，必先养志伏意以视间[④]。知其固实者，自养也；让己者，养人也[⑤]。故神存兵亡，乃为之形势[⑥]。

【注释】

①“唱”，通“倡”，提倡、倡导。这两句意思是，因此而言，一方如果有所行动，另外一方必然就会跟随；一方有所倡导，另外一方必然就会应和。

②“间”，间隙，在此指遗漏。这几句意思是，只要触动到对方的一个关节，然后观察他接下来的反应，那么对方所有的动静都会逐渐显形，没有什么会被遗漏的。**陶弘景注：**“言威分势震，靡物犹风，故能动必有随，唱必有和。

但挠其指，以名呼之，则群物毕至。然徐徐以次观其余，众循性安之，各令得所。于是风以动之，变以化之，犹泥之在钧，群器之形自见。如此，则天下乐推而不厌，谁能间之也。”意思是，所说威力分散、势力震慑，就像风吹万物一样，所以能够使得一方行动而另外一方有所跟随，一方倡导而另外一方有所应和。只要触动其中的一个关节，呼唤他们的名字，那么群物都会到来。然后慢慢地观察他其他的反应，众物依循自己的特性而安定下来，各得其所。于是事情不断发展变化，就像泥土陶器在钧上旋转一样，器物的形状就会自然而然地呈现出来。如此，则天下人都乐于跟随，谁还能够离间呢？

③“唱和”，倡导与应和。“间”，间隙。这几句意思是，懂得倡导与应和之理，用寻找间隙的方法看到对方的间隙，等到对方的动作和变化都逐渐明朗之后，那么他的威势就可以被分散了。**陶弘景注**：“言审识唱和之理，故能有间，必知我；既知间，故能见间，而既见间，即莫能间，故能明于动变，而威可分也。”意思是，所说的审识与唱和的道理，所以如果能够察知间隙，就必然会为我所知道。既然知道这些间隙，所以就能够看得到这些间隙，而既然能够看得到这些间隙，就不会被这些间隙所离间，因此等待对方的动作和变化都逐渐明朗之后，那么威势就可以分散了。

④“伏意”，蛰伏意志，使自己的意志安静下来。这两句意思是，如果想要有所举动和应变，就必须先蓄养意志并

且使自己的意志安静下来，从而可以察知其中的间隙。**陶弘景注：**“既能养志伏意，视知其间，则变动之术可成矣。”意思是，既然能够养志伏意，观察得知他的间隙，那么举动与应变之术就可以成功了。

⑤“养”，蓄养。“让己者”，把自己拥有的让给他人。

⑥“兵”，兵力，在此引申为武力。**陶弘景注：**“谓自知志意固实者，此可以自养也；能行礼让于己者，乃可以养人也。如此则神存于内，兵亡于外，乃可为之形势也。”意思是，自己知道自己意志坚固充实的人，是可以蓄养自己的；能够施行礼仪而使别人让于自己的人，是可以蓄养别人的。这样则“神”存在内心之中，而武力就没有使用的地方了，然后就可以根据形势去做。

**【译文】**

因此，一方如果有所行动，另外一方必然就会跟随；一方有所倡导，另外一方必然就会应和。只要触动到对方的一个关节，对方所有的动静都会逐渐显形，没有什么会被遗漏的。懂得倡导与应和之理，用寻找间隙的方法看到对方的间隙，等待对方的动作和变化都逐渐明朗之后，那么他的威势就可以被分散了。如果想要有所举动和应变，就必须先蓄养意志，并且使自己的意志安静下来，从而可以察知其中的间隙。知道使自己的意志坚固充实的人，是可以进行自我蓄养的；而懂得把自己所拥有的让给他人的人，是可以蓄养他人的。所以只要“神”存在于内心，武力就没有使用的地方了，然后就可以根据形势去做。

## 散势法鸷鸟[①]

【原文】

散势者，神之使也[②]。用之，必循间而动[③]。威肃内盛，推间而行之，则势散[④]。夫散势者，心虚志溢[⑤]。意衰威失，精神不专，其言外而多变[⑥]。故观其志意为度数，乃以揣说图事，尽圆方，齐短长[⑦]。

【注释】

①“散”，分散，使丧失。“鸷（zhì）鸟”，凶猛而迅速出击的鸟类。**陶弘景注：**“势散而物服，犹鸟击禽获，故散势法鸷鸟也。”意思是，威势发散之后物就会被降服，犹如鸷鸟出击而获得禽类一样，所以称作“散势法鸷鸟”。

②“使”，发出。这两句意思是，所谓分散威势，是由“神”所发出的。**陶弘景注：**“势由神发，故势者神之使也。”意思是，威势由“神”发出，所以可以说威势是“神”的使者。

③“之”，即“散势之法”。**陶弘景注：**“无间则势不行，故用之必循间而动。”意思是，如果没有间隙，那么威

势就无法施行，因此，想要使用威势，就必须循着机会，找到间隙而发动。

④“肃”，在此为积聚、聚积之意。“推”，推演。这几句的意思是，自己一方的威势积聚在内而盛行，推演到对方有间隙的时候再去施行，那么就可以让对方的威势消散了。**陶弘景注：**“言威势内盛行之，又因间而发，则其势自然布散也。”意思是，所说威势于内盛行，又因为间隙而发动，那么这样的威势自然也就会被分散了。

⑤这句意思是，所谓散势，就是使对方的内心发虚而且内在意志溢出。**陶弘景注：**“心虚则物无不包，志溢则事无不决，所以能散其势。”意思是，内心虚怀若谷，那么万物就无所不被包容其中。意志踌躇，那么所有事情就没有不可以决断的，因此就能够分散对方的威势。需要指出的是，陶弘景此注的意思与原文并不相符，应该说是恰好相反。

⑥“意”，意志。“失”，丧失。“专”，专一、专注。这几句的意思是，意志衰微而导致威势丧失，精神由此难以专注，从而带来外在言语的不断变化。**陶弘景注：**“志意衰微而失势，精神挫衄而不专，则言疏外而多谲变也。”“衄（nǜ）”，同“衂”，本意为出血，引申为挫伤、失败之意。此注意思是，内在意志的衰微而导致失去威势，精神受挫而难以专注，由此就会言辞疏忽外化而导致诡谲多变。

⑦“度数”，衡量标准。“图“，图谋。**陶弘景注：**“知

其志意隆替，然后为之度数。度数既立，乃复揣而说之。其图事也，必尽圆方之理，齐短长之用也。”意思是，察知对方的真实意志，然后以其意志作为揣度标准，用以图谋说事，按照规矩灵活运用方法进行游说。

**【译文】**

所谓分散威势，是由“神”所发出的。如果想要使用“散势”这种方法，就必须遵循机会找到间隙而发动。自己一方的威势积聚在内而盛行，推演到对方有间隙的时候再去施行，那么就可以让对方的威势消散了。所谓散势，就是使对方的内心发虚而且内在意志溢出。意志衰微而导致威势丧失，精神由此难以专注，从而带来外在言语不断变化。因此，去观察对方的真实意志，并且以其意志作为揣度标准，从而进行游说图谋其事，同时需要按照规矩灵活运用方法进行游说。

**【原文】**

无间则不散势，散势者，待间而动，动而势分矣[①]。故善思间者，必内精五气，外视虚实，动而不失分散之实[②]。动则随其志意，知其计谋[③]。势者，利害之决，权变之威[④]。势败者，不神肃察也[⑤]。

【注释】

①此句底本缺“散势”二字，据道藏本加。“间”，间隙。“待”，等待时机。这几句的意思是，如果对方没有间隙就不要散势，如果想要散势，就需要等待对方有了间隙才能发动，这样发动之后对方的威势自然就会被分散了。**陶弘景注：**“散不得间，则势不行。故散势者，待间而动，动而得间，势自分矣。”意思是，散势如果没有找到合适的间隙，那么威势就没有办法施行。所以说散势，必须等待合适的间隙才可以发动，发动之后就可以找到对方的漏洞，那么对方的威势也就自然被分散了。

②“内精五气”，对内使自己的五气聚集。“外视虚实”，对外可以探视虚实。这几句的意思是，因此善于思考察探间隙的人，必然让自己的内心五气聚集，对外善于探视虚实，进而有所行动并且不会失去分散威势的实际作用。**陶弘景注：**“五气内精，然后可以外察虚实之理，虚实之理不失，则必可知其有间，故能不失分散之实也。”意思是，五气聚集于内，然后就可以对外观察虚实的道理，没有过失那么就必然可以找到对方的间隙。对方一旦存有间隙，就能有所行动而不会失去分散威势的实际作用。

③“动”，行动。“知”，察知。这两句的意思是，他的行动一定是随着他的志意发展的，由此可以察知他的计谋。**陶弘景注：**“计谋者，志意之所成。故随其志意，以知其计谋也。”意思是，所谓计谋，就是用来实现志意的。因此

随着志意的发展，就可以探知他的计谋。

④“利害”，即利害关系。“决”，决断、决定。这几句的意思是，所谓“势”，就是在利害关系之中进行决断，同时权衡变化地运用威势。

⑤“神”，用神、用心。“察”，考察。这两句的意思是，所谓势败，其实就是不可以用“神”去严肃考察的结果。**陶弘景注：**“神不肃察，所以势败也。”意思是，没有用“神”去严肃考察，就会造成势败的结果。

**【译文】**

如果对方没有间隙就不要散势，如果想要散势，就需要等待对方有了间隙才能发动，这样发动之后对方的威势自然就会被分散了。因此，善于思考察探间隙的人，必然让自己的内心五气聚集，对外善于探视虚实，进而有所行动并且不会失去分散威势的实际作用。他的行动一定是随着他的志意所发展的，由此就可以察知他的计谋。所谓“势”，也就是在利害关系之中进行决断，同时权衡变化地运用威势。势败，其实就是不可以用“神”去严肃考察的结果。

# 转圆法猛兽[1]

【原文】

转圆者，无穷之计也。无穷者，必有圣人之心，以原不测之智而通心术[2]。而神道混沌为一，以变论万类，说义无穷[3]。智略计谋，各有形容[4]：或圆或方，或阴或阳，或吉或凶，事类不同。故圣人怀此用，转圆而求其合[5]。故与造化者为始，动作无不包大道，以观神明之域[6]。

【注释】

①“转圆”，转动圆形的物体。这里比喻事情顺利可得。“法”，效法。“猛兽”，指凶猛的野兽捕食。这句话的意思是，计谋的运用要像转动圆形的物体一样运转自如，也要效法猛兽捕食一样迅速，这样才能够应付各种复杂的情况。**陶弘景注**：“言圣智之不穷，若转圆之无止。转圆之无止，犹兽威无尽，故转圆法猛兽。”意思是，圣人的智慧无穷尽，就像转动的圆形物体会朝着一个方向不停运转，又如猛兽的威势一样，所以说是“转圆法猛兽”。

②“原”，推究根源。“心术”，计谋，这里指凝聚心气的方法。**陶弘景注**：“圣心若镜，物感斯应。故不测之智可原，心术之要可通也。”意思是，圣人心中对万事万物的了解如同明镜一般，所以圣人能够推究深不可测智慧的根源。

③“神道”，自然造化的道理，即天道。“混沌”，浑

然一体，不可分剖。“变”，通“辩”。“说义无穷”，所说的道理无穷无尽。这几句的意思是，自然之道神秘莫测，但若能抓住其中的根本道理，就可以掌控大自然中的一切事物，策士游说时的道理也就能无穷无尽。**陶弘景注：**“既以圣心原不测，通心术，故虽神道混沌如物，杳冥而能论万类之变，说无穷之义也。”意思是，因为圣人能够推究深不可测的智慧的根源，通心术，所以即使自然之道混沌难知，万物变化规律奥秘难测，但圣人依然能论述万物变化的规律，能论说无穷无尽的道义。

④“形容”，形态。这两句的意思是，制定的计谋策略要随着事物的种类以及客观情况的变化而变化。**陶弘景注：**“事至，然后谋兴，谋兴，然后事济。事无常准，故形容不同。圆者运而无穷，方者止而有分。阴则潜谋未兆，阳则功用斯动（道藏本为“彰”）。吉则福至，凶则祸来。凡此事皆反覆，故曰事类不同也。”意思是，事情降临才会产生应对的谋略，谋略产生事情才能成功。事物产生没有固定的准则，所以其形貌不同。圆表示运转无穷，方代表停止有区别。阴表示谋略的功用潜藏未显现，阳表示某得功用得到彰显。吉表示福降临，凶表示祸事将来。这些事都是变化无常的。因此说，随着事类以及客观情况不同，其谋略也随之变化。

⑤“怀”，怀藏。这两句的意思是，圣人懂得转圆的道理，因此能够根据客观情况制定合适的谋略，以求成大事。**陶弘景注：**“此谓所谋“圆方”以下六事，既有不同，或多

乖谬，故圣人怀转圆之思，以求顺通合也。”意思是，文中“圆方”以下六种情况，各不相同，有的甚至彼此抵触违背，所以圣人常以转圆之法，以求能顺通相合。

⑥“造化者“，这里指圣人。“动作”，行为举动。“神明之域”，神妙的领域。这几句的意思是，要跟随圣人为开始，所有行为举动都与大道相契合，这样就能进入别人无法看到的神妙领域。**陶弘景注：**“圣人体道以为用。其动也，神其随也，天故与造化其初，动作先合大道之理，以稽神明之域。神道不违，然后发号施令也。”意思是，圣人躬行正道。其动静皆符合自然天道，所以圣人创立教化，其行为举动先与自然之达到的规律相契合，以此考察众人难知的神妙领域，与自然之道不相违背，然后能发号施令。

## 【译文】

计谋的制定要像圆形的物体一样运转自如，也要效法猛兽捕食一样迅速，才能够应付各种复杂的情况。而要产生无穷无尽的计谋，必须有圣人一样的胸怀，去探究深不可测的智慧的根源，并把其与计谋相融通。因为虽然自然之道神秘莫测、变化多端，但其中有一个根本的道理，若能抓住这个道理，就可以掌握大自然中的一切事物，游说时能采用的道理也就能无穷无尽。智慧谋略，各有各的使用条件：或圆或方，或阴或阳，或吉或凶。总之，不同事情采用的谋略应各不相同。所以，圣人心中懂得这个道理，在处理事情时，其谋略就像不停转动的圆圈一样，不断依据实际情况而选择与之合适的计谋。所以，游说之士要能像圣人那样，所有举动都与自然之道相契合，这样就能进入到旁人无法看到的神妙领域。

【原文】

天地无极，人事无穷，各以成其类，见其计谋，必知其吉凶成败之所终①。转圆者，或转而吉，或转而凶。圣人以道先知存亡，乃知转圆而从方②。圆者，所以合语③；方者，所以错事④；转化者，所以观计谋；接物者⑤，所以观进退之意。皆见其会，乃为要结以接其说也⑥。

【注释】

①“所终”，结果。这几句是说，天地人事无穷无尽，各有类属。若能以类相知，并依此制定相应计谋，定能预知事物发展的吉凶祸福。**陶弘景注：**“天地则独长且久，故无极；人事则吉凶相生，故无穷。天地以日月不过陵谷，不迁为成人事，以长保元亨，考终厥命为成。故见其事之成否，则知其计谋之得失。知其计谋之得失，则吉凶成败之所终，皆可知也。”意思是，天地无穷无尽，人事则祸福相伴。天地以日月不停地转移、丘陵山谷的不迁移变化为成，而人则以长保大吉、享尽天年为成。所以，能知计谋得失，则可预知吉凶祸福。

②这句意思是，“转圆”并不是总能带来利益，使用不当也可能带来灾祸。圣人能以道知道事物的死亡关键之所在，所以“转圆”之术总能趋长避短。**陶弘景注：**“言吉凶无常准，故取类转圆。然唯圣人坐忘遗鉴，体同乎道。故能先知存亡之所在，乃后转圆而从其方，弃凶而趋吉。方谓吉之所在也。”意思是，因吉凶变幻无常，所以制定的计谋也要圆转灵活，与道相合。

③“合语”，语言融洽，说话合拍。

④“错”，通“措”，“错事”即措事，处理事务。

⑤“接物”，与人交往。

⑥“会”，此处指问题的症结所在。“要结”，关键。这两句意思是，无论运用什么样的计谋，都要看到问题的症结所在，然后抓住关键施行游说。

## 【译文】

天地没有尽头，人事的变化也是无穷无尽的，但都有其类属。因此，若能知其类属，然后为之制定相应谋略，则可以预见事物发展的吉凶成败。转圆之法，若运用恰当则能取得好的结果；若运用不恰当，就会得到凶险的结果。圣人能遵循自然之道，能预先知道事物存亡成败的关键之所在，因此，能够灵活运用各种策略，从而趋长避短。谋略制定圆转灵活，彼此才能意见融洽；方正直率，所以能正确地处理事务。运转变化，可以清楚地观察计谋的得失；运用计谋与人交往，可以明确别人进退的意图。总之，无论采用哪种谋略，都要先看到问题的症结所在，然后抓住关键游说对方。

## 损兑法灵蓍[①]

【原文】

损兑者，机危之决也[②]。事有适然[③]，物有成败，机危之动，不可不察。故圣人以无为待有德，言察辞合于事[④]。兑者知之也，损者行之也[⑤]。损之说之，物有不可者，圣人不为之辞[⑥]。故智者不以言失人之言，故辞不烦而心不虚，志不乱而意不邪[⑦]。

【注释】

①“损兑”，指减少他虑，专心察理。“法”，效法。“蓍”，即蓍草，古人常用来占卜。**陶弘景注：**“《老子》曰，‘塞其兑。’河上公曰，‘兑，目也。’《庄子》曰，‘心有眼。’然则兑者，谓以心眼察理也。损者，谓减损他虑，专以心察也。兑能知得失，蓍能知休咎，故损兑法灵蓍也。”陶弘景此处引用了《老子》《庄子》来解释此句，认为所谓“兑”，就是通过内心去体察事理；“损”，即排除其他干扰，以便专心致志。通过“兑”能察知事情得失，通过占蓍能预知祸福吉凶，所以本篇叫作《损兑法灵蓍》。而

俞樾《读书余论》中说：“疑此文益当作损益。揲（shé）蓍求数，有多有少，故曰损兑法灵蓍也。下文曰：兑者，知之也；损者，行之也。兑亦当作益，知贵乎博，为学日益之事，故曰益者，知之也。行贵乎约，为道日损之事，故曰损者，行之也。若做兑字义不可通矣。”俞樾的意思是，这里“兑”或当为“益”。用揲蓍求数，得到的数目或多或少，所以叫“损兑法灵蓍”。下文说“兑者，知之也；损者，行之也”，其中“兑”也应当作“益”。知识以广博为贵，也是学习日益增加的事，所以叫作“益”。做事以约为贵，是说每日减少的事，所以叫“损”。此说可以参考。从整部《鬼谷子》的内容来看，此处陶弘景所注或更符合原意。

②“机危”，隐微。尹桐阳曰：“机危即几微。”是说，损兑之术，是判断事物隐微征兆的关键。**陶弘景注**：“几危之兆，动理之微，非心眼莫能察见。故曰损兑者，几危之决也。”意思是，事物细微的变化，吉凶的征兆，非心眼不能体察看见。

③“适然”，即偶然。**陶弘景注**：“适然者，有时而然也。物之成败，有时而然；机危之动，自微至著。若非情识远深，知机元览，则不能知于未兆，察于未形，使风涛潜骇，危机密发，然后河海之量堙为穷流，一篑之积叠成山岳。不谋其始，虽悔何追？故曰不可不察也。”意思是，事物的成败都是从细微的变化开始的，因此，要在危险尚处于萌芽时就要有所察觉并着手处理。

④“德”，通“得”。此处指获得信息。这两句是说，圣人以自然无为的方式来待人处事，故能从对方言谈举止的细微之处获得重要信息。**陶弘景注：**“夫圣人者，勤于求贤，密于任使，故端拱无为以待有德之士。士之至也，必敷奏以言，故曰言察辞也。又当明试以功，故曰合于事也。”意思是，圣人勤于求贤，并能周密地使用贤人，所以圣人常恭敬有礼地以待有德之士。士到来之后，又必定考察其言辞，测试其才能。

⑤“知”，懂得，了解。“行”，施行。这两句意思是，专心才能更好地了解事物，减少杂念才能更好地行动。**陶弘景注：**“用其心服，故能知之；减损他虑，故能行之。”意思是，用了心思，所以能了解事物；减少杂念，所以能更好地行动。

⑥“不可者”，不能成功的。“为”，替。“辞”，言语。这几句意思是，行动了，解说了，事情仍有不成的，圣人不强加辞令进行辩解。**陶弘景注：**“言减损之，说及其所说之物，理有不可，圣人不生辞以论之也。”意思是，运用减损之说，当所说之物事理有不可通时，圣人不强加辞令进行辩解。

⑦“烦”，烦琐、不简洁。“虚”，心慌。“邪”，偏颇、不正。这几句意思是，智者不排斥别人的言辞主张，所以言辞不烦琐，内心不慌乱，志意坚定不偏邪。**陶弘景注：**“智者听舆人之讼，采刍荛（chú ráo）之言，虽复辩周万物

不自说也。故不以己能言而弃人之言。既用众言，故辞当而不烦；还任众心，故心诚而不伪。心诚言当，志意岂复乱邪哉？”意思是，智者能听取一般人的争论意见，能采纳割草采薪之人的言论，圣人即使本身能识辨万物，也不会自说。所以圣人不因为自己的言论而抛弃别人的言论。因为其言论包含众人的言论，所以其辞恰当而不烦琐，与众人的内心相合，所以其心真诚不虚伪。内心真诚，言辞恰当，志意怎么会混乱不清呢？

【译文】

心神专一是察觉事物细微变化的关键。世间万事万物在发展过程中都会有各种偶然发生，这既可能促使事物成功，也可能使之失败。因此，事物的任何隐微变化都不可不仔细察见。所以圣人以自然无为的方式待人处事，能从对方言辞举止的细微之处获得重要信息。专心是为了更深入地了解事物，减少杂念是为了更坚决地行动。行动了，解说了，事物仍然有不能成功的，圣人也不为此强加辩解。所以，真正聪明的人不会因为要推行自己的主张而排斥别人的意见。这样，他们的言辞虽然简洁，但内心踏实不慌乱，志意也会坚定而不偏邪。

【原文】

当其难易而后为之谋，因自然之道以为实①。圆者不行，方者不止，是谓大功②。益之损之，皆为之辞③。用分威散势之权，以见其兑威、其机危，乃为之决④。故善损兑者，譬若决水于千仞之堤，转圆石于万仞之谿。而能行此者，形势不得不然也。

【注释】

①“当”，遇到。“难易”，此偏义复词，指难。“因”，顺应。“实”，实行。这两句意思是，当遇到困难的事情，进行谋划，顺应自然法则而实行。**陶弘景注：**“夫事变而后谋生，改常而后计起。故必当其难易之际，然后为之计谋。失自然之道，则事废而功亏。故必因自然之道，以为用谋之实也。”意思是，处事失误而后谋略产生，事情反常而后计谋兴起。所以一定在其遇到困难时，然后再为之谋划。谋划若与自然之道不合，则事败坏而且功业无成。所以谋略制定一定要顺应自然之道。

②“圆者”“方者”，指各种谋略。**陶弘景注：**“夫谋之妙者，必能转祸为福，因败成功，沮彼而成我也。彼用圆者，谋令不行；彼用方者，谋令不止。然则，圆行方止，理之常也。吾谋既发，彼不得守其常，岂非大功哉？”意思是，精妙的谋划能转祸为福，能够使失败转为成功，能够阻止对方而成就自己。无论对方采用“圆”或“方”，都能使之不行。我的谋略发出，则使对方的谋略不能施行，这难道不是“大功”？

③“益之损之”，即增减变化。**陶弘景注：**“至于谋之损

益，皆为生辞，以论其得失也。”意思是，至于谋略的减少或增加，都要仔细讨论其中的得失。

④“见”，察见。“威”，通“畏”，畏惧。这几句意思是，善于运用分威、散势之术，可以察见对方内心的畏惧；可察见事物变化发展的隐微征兆，然后做出正确的决断。**陶弘景注：**“兑所以能分威散势者，心眼之由也。心眼既明，机危之威可知之矣，既知之，然后能决之也。”意思是，之所以能用分威散势，是因为用此法需要心思去观察事物，并通过观察了解事物的细微征兆，而知道了这些征兆就可以进一步决断应对的策略。

## 【译文】

当遇到困难的事情，为之进行谋划时，要顺应自然法则而实行。如果能够使对方圆转灵活的策略不能实现，使对方方正直率的计谋不能确立，那就叫作“大功”。因此，谋略的增减变化，都要仔细讨论其中的得失。并善于利用“分威”“散势”之术，去洞察对方内心的畏惧，以及事物发展过程中的隐微征兆，然后再依此做出正确的决断。所以，善于运用“损兑”之术的人，处理事情就像决开千仞的大堤放水而下，冲向万仞之深的溪谷中的石头，能够让其旋转一样容易。之所以能够做到这样，都是形势使然。

# 持　枢

## 题　解

“枢”，《说文解字》曰：“户枢也。”其本义为门的转轴，后比喻事物的关键。“持枢”，即指掌握事物运转的关键。陶弘景注：“枢者，居中以运外，处近而制远，主于转动者也。故天之北辰，谓之天枢；门之运转者，谓之户枢。然则持枢者，执动运之柄以制物者也。”陶弘景此注的意思是，“枢”，居于最中间，可以控制外面的运转，处于近处却可以控制远处，主要是为了转动。所以天上的北辰星（今多作北极星），被称作天枢，门上负责运转的物件，被称作户枢。所谓“持枢”，就是把握住事物运转的核心部位以控制住事物的全部。本篇因是残篇，所以其原篇结构及主旨难以悉知。陶弘景也说：“此持枢之术，恨太简促，畅理不尽，或篇简脱烂，本不能全也。”但从其残留的这一片段来看，主要是讲国君治国要效法自然，遵从天道。

【原文】

持枢，谓春生、夏长、秋收、冬藏，天之正也①。不可干而逆之②。逆之者，虽成必败。故人君亦有天枢，生、养、成、藏③，亦不可干而逆之。逆之者，虽盛必衰。此天道，人君之大纲也。

【注释】

①“正”，标准、准则。这句意思是，自然的准则。**陶弘景注**：“言春夏秋冬四时运行，不为而自然也。不为而自然，所以为正也。”意思是，春夏秋冬交替运行，不需要人为，是自然而然发生的。

②“干”，触犯。“逆”，违反、违背。这句意思是，天道运行不可冒犯违背。**陶弘景注**：“言理所必有物之自然，静而顺之，则四时行焉，万物生焉。若乃干其时令，逆其气候，成者犹败，况未成者乎？元亮曰：‘含气之类，顺之必悦，逆之必怒。况天为万物之尊而逆之乎？’”意思是，万物运行自有规律，顺其规律则万物生成。而若违背其生长时令，最终即使已生成也会被毁坏，更何况是尚未生成的。另外，陶弘景注中引用的元亮即陶渊明。

③“生”，生育。“养”，养育。“成”，比喻通过教育使其成才。“藏”，保藏，比喻保护而不过度役使人民。**陶弘景注**：“言人君法天以运动，故曰亦有天枢。然其生、养、成、藏，天道之行也；人事之正，亦复不别耳。”意思

是，人君治理国家也需要效法自然的运行规律。生、养、成、藏作为治国的基本纲领，应与天道的自然运行一样不可违背。

【译文】

所谓“持枢”，就是掌握事物运行的关键。世间万物，春天萌生，夏天生长，秋天成熟，冬天储藏，这就是自然运行的基本准则，是不可干扰违背的。如果违背了这一准则，即使暂时取得成功，最终也会失败。所以，君主治理国家也需要掌握其中的关键准则，保证百姓的休养生息，让百姓能安居乐业；以圣人之道教化百姓，使他们成才；爱护民力，不过度使用。这种顺应自然的为政之道也是不可触犯和违背的。如果违背了这一准则，即使国家能一时强盛，最终也必然衰败。这就是顺应自然的为政之道，是君主治国的基本纲领。

# 中 经

## 题 解

《中经》篇的主旨是论述控制他人的方法。所谓“道贵制人，不贵制于人。制人者握权，制于人者失命”。纵横策士如何在世事变幻无常的社会中，既能振穷趋急，实现自己的人生抱负，又能保全自身，免遭祸害，这也是《鬼谷子》讨论的中心问题。

本篇提出了七种制人秘诀：见形为容、象体为貌，闻声知音，解仇斗郄（xì），缀去术，却语术，摄心术和守义术等。

所谓“见形为容、象体为貌”，即可以从一个人的外在行动、声音、体态容貌等信息推测对方的内心世界。但是此种方法在使用时要注意，若对方是“有守之人”，则无法运用这种方法探知其内心。对于此种人则要“隐匿塞郄”，以免反被对方控制。

所谓“闻声知音”，语言是人与人之间最重要的交流工具，因此，在与人交往时，要注意分析对方的言辞，再加以应和，以免“虽有美行、盛誉，不可比目、合翼相须也”。

所谓“解仇斗郄”，一方面是对那些力量比自己弱小的人，可以凭借自身的力量与威势对他们施加压力与影响，从而使其归附于自己，并为己所用；另一方面对力量强于自己的，则要挑动其与对手相互斗争，以削弱他们，从而坐收渔翁之利。

所谓“缀去术”，当有人即将离开自己时，如何通过言语表达挽留之意，使对方人虽走，心却依旧在。

所谓“却语术”，是伺察并抓住对方的把柄，先威胁恐吓，再安抚收服。

所谓“摄心术”，即投其所好而使对方归附自己。

所谓“守义术”，即探寻对方的内心，得悉其真实意图，然后“从外制内，事有系曲而随之”。

本篇所讲的这些制人秘诀，现在看来虽略显短浅，但仍然能显现出政治斗争中的尔虞我诈、冷酷无情。

## 【原文】

《中经》，谓振穷趋急，施之能言厚德之人[①]。救拘执，穷者不忘恩也[②]。能言者，俦善博惠[③]。施德者，依道[④]。而救拘执者，养使小人[⑤]。盖士遭世异时危，或当因免填坑[⑥]，或当伐害能言[⑦]，或当破德为雄，或当抑拘成罪，或当戚戚自善[⑧]，或当败败自立[⑨]。

【注释】

①“振”，后写作“赈”，救济、赈济。“趋”，奔赴。“急”，危急、困难。这两句意思是，《中经》能救助陷入困境或遇到急难的人，尤其是对那些能言善辩、德行高尚的人。**陶弘景注：**“振，起也；趋，向也。物有穷急，当振趋而向护之，乃其施之，必在能言之士、厚德之人。”意思是，振，就是振起之意；趋，就是趋向之意。事物存在穷急的情况时，应当振起并趋向维护它。能够施行这种方法的人，必定是能说会道、德行厚重之人。

②“拘执”，被拘禁的人。**陶弘景注：**“若能救彼拘执，则穷者怀德，终不忘恩也。”意思是，如果能够拯救被拘禁的人，那么那些处于危困之中的人就会怀念其德，永远不会忘记他的恩情。

③“能言者”，长于辩论的人。“俦（chóu）”，同类、伴侣。“惠”，动词，施予恩惠。这两句意思是，能辩之士，多行善事，广施恩惠。**陶弘景注：**“俦，类也。谓能言之士，解纷救难，不失善人之类，而能博行恩惠也。”意思是，俦，即类的意思。也就是说，能言善辩之士，可以解救他人于危困之中，多行善事，能够广施恩惠。

④此句底本“者”前有“人”字。这两句意思是，广施德行的人，行事都依据于道。**陶弘景注：**“言施德之人，动能循理，所为不失道也。”意思是，所言施行仁德之人，所有的举动都能够遵循道理，所作所为也能够不失其道。

⑤“养”，供养。“使”，驱使。**陶弘景注**：“言小人在拘执而能救养之，则小人可得而使也。”意思是，帮助处于困境中的人，可以使他们为自己所用。

⑥“填”，充满、填塞。**陶弘景注**：“填坑，谓时有兵难，转死沟壑，士或有所因，而能免斯祸者。”意思是，在天下战乱时，士因某些原因而免于兵难。

⑦此句指伤害能言善辩的人。**陶弘景注**：“伐害能言，谓小人道长，谗人罔极，故能言之士多被残害。”意思是，小人当道，奸谗之徒无所不用其极，所以能言善辩之士多被杀戮迫害。

⑧“戚戚”，忧惧的样子。**陶弘景注**：“戚戚自善，谓天下荡荡，无复纪纲，而贤者守死善道，贞心不渝，所谓岁寒然后知松柏之后凋，风雨如晦，鸡鸣不已者也。”意思是，当天下陷入混乱时，贤者依然能在其中保守心中的善道。

⑨**陶弘景注**：“败败自立，谓天未悔过，危败相仍，君子穷而必通，终能自立，若管敬仲者也。”意思是，所谓“败败自立”，即是说未悔改自己的过失，导致危败相继。但君子处于困境而能变通，终能自立，就像管仲选择辅佐公子纠，失败后，又辅佐公子小白，终成“华夏第一相”。

## 【译文】

《中经》主要论述的是，当那些能言善辩或者德行高尚的人处于困境时，能及时对他们施以救助。因为，救人于困境之中，那些被救助的人就不会忘记你的恩德。由此，善于辞令的人，往往可以解纷就难、广施恩惠；德行高尚的人，行事往往都遵循道义。所以在他们处于困境时施以援手，可以收服他们，使他们能为己所用。在世道动乱时，士人的处境各有不同。有的因某些缘故才能幸免兵难；有的虽能言善辩，但终遭小人陷害；有的被迫放弃道德仁义而称雄一方；有的被拘身陷囹圄；有的对世道虽心怀忧虑，却只能自保其身；有的在危败中依然能自立。

## 【原文】

故道贵制人，不贵制于人也①。制人者握权，制于人者失命。是以见形为容、象体为貌，闻声知音，解仇斗郄，缀去，却语，摄心，守义②。《本经》纪事者，纪道数，其变要在《持枢》《中经》③。

## 【注释】

①“贵”，意动用法，以……为贵。“制于人”，被别人制约。**陶弘景注**：“贵有术而制人，不贵无术而为人所制也。”意思是，士人在世当贵制人，而不是被人所制约。

②这是总言七种制人之术。**陶弘景注**：“此总其目，下别序之。”意思是，这是总的纲目，下面分别论述。

③“纪”，通“记”。“道数”，道术。此句讲《本经》《持枢》《中经》三篇的关系。**陶弘景注**：“此总言《本

经》《持枢》《中经》之义。言《本经》纪事，但纪道数而已，至于权变之要，乃在《持枢》《中经》也。”

【译文】

所以，为人处世之道，以能制约别人为贵，而不是被别人所制约。因为制约别人的人掌握着权柄，被制约的人稍不留神，就会丢掉性命。因此，制约别人可以采用的方法有：见形为容、象体为貌，闻声知音，解仇斗郄，缀去，却语，摄心，守义。总之，《本经》记载的是各种道术，而其运用时的权变要点则在《持枢》和《中经》两篇中。

【原文】

见形为容、象体为貌者，谓爻为之生也[①]。可以影响形容象貌而得之也[②]。有守之人，目不视非，耳不听邪，言必《诗》《书》，行不淫僻[③]，以道为形，以德为容，貌庄色温[④]，不可象貌而得之。如是，隐情塞郄而去之[⑤]。

【注释】

①**陶弘景注**：“见彼形，象彼体，即知其容貌者，谓用爻卦占卜而知之也。”意思是，见到对方的形体容貌，即可通过卦爻来预测其内心。此解释不太正确，这里“爻”应是“交”之误。俞樾《读书余录》云：“爻乃交之误。交读曰狡，为读曰伪，并古通用字也。此言狡伪之主，其中无守，故

可以象貌得之。若有守之人，不可象貌而得矣。陶弘景的注未达假借之旨，乃谓用卦爻占而知之，殊误。”此说可以参考。

②“影响”，本指影子和回声，这里指声音。“形容”，指神态。“象貌”，即容貌。此句是说，可以通过声音、神态、容貌去推测一个人的内心。

③“淫僻”，邪恶不正。

④“貌庄色温”，表情端庄，脸色温和。

⑤“郄（xì）”，古同“郤”，缝隙。“去”，离开。

**陶弘景注：**“有守之人，动皆正直，举无淫僻，浸昌浸盛，辉光日新，虽有辩士之舌，无从而发，故隐情、塞郄，闭藏而去之。”意思是，对于有道德操守的人，因其行为举止皆正直，所以无法通过外在去推测其内心，遇到这种情况要隐藏自己的内心，弥补自己言辞行为中的漏洞，悄然离去。

**【译文】**

所谓“见形为容、象体为貌”，就是面对狡猾伪诈的人，可以通过他们的声音、神态、容貌等外在的东西推测其内心的真实意图。而那些品行高尚的君子，因为他们目不斜视、耳不旁听，说话必定引用《诗经》《尚书》之类的经典为证据，行为举止也不邪僻越轨，所以，他们常以道德来规范自己的一言一行，容貌端庄，神色温和，对这类人就不可以通过外在去揣测其内心，反而自己要隐藏好内心实情，弥补好言辞行为中的漏洞，悄然离去，以免被其制约。

【原文】

闻声知音者，谓声气不同，恩爱不接[①]。故商、角不二合，徵、羽不相配[②]，能为四声主者，其唯宫乎[③]。故音不和则悲[④]，是以声散、伤、丑、害者，言必逆于耳也[⑤]。虽有美行、盛誉，不可比目、合翼相须也[⑥]。此乃气不合、音不调者也[⑦]。

【注释】

①“声气”，本指声音气息，这里指朋友间共同的志趣和爱好。“接”，相通。这两句意思是，双方如果志趣和爱好不相同，那么双方的情感就很难相通。

②“商”“角（jué）”“徵（zhǐ）”“羽”，皆为古代的音阶。古人将音阶分为五级，即宫、商、角、徵、羽。又以五音配五行，商配金，角配木，徵配火，羽配水，宫配土。五行相克而不相合。**陶弘景注：**“商金、角木、徵火、羽水，递相克食，性气不同，故不相配合也。”意思是，商金、角木、徵火、羽水，它们彼此之间是互不相配的。

③“宫”音雄浑平和，为五音之主。**陶弘景注：**“宫则土也，土主四季。四者由之以生，故能为四声之主也。”意思是，宫即是土，土代表着一年四季。四者都是由此而产生的，所以宫是四声之主。

④“悲”，即难以打动人。

⑤“散”“伤”“丑”“害”，与人交谈时言语易出现

的毛病。萧登福曰：“散，指言谈时心志不专；伤，谓以言语伤人；丑，言辞不雅训；害，谓言辞暗藏祸机。”**陶弘景注**：“散伤丑害，不和之音；音气不和，必与彼乖，故其言必逆于耳。”意思是，散、伤、丑、害，都是不和谐的声音，音气的不和谐，就会造成彼此相悖，所以说是逆耳之言。

⑥“比目”，即比目鱼。“比翼”，即比翼鸟的简称，传说中一种并翅而飞的鸟。《尔雅·释地》：“南方有比翼鸟焉，不比不飞，其名谓之鹣鹣。”这几句意思是，若不能声气相合，即使有高尚的德行、极大的声誉，也不能像比目鱼或比翼鸟那样彼此和谐。**陶弘景注**：“言若音气乖彼，虽行誉美盛，非彼所好，则不可如比目之鱼、合翼之鸟，两相须也。”意思是，所言如果像音气彼此相违，那么虽然品行美好，享有盛誉，但也不是其所想要的，因此就比不上比目鱼、比翼鸟这样两相亲密无间。

⑦这句意思是，意气不合，言语不协调。

## 【译文】

所谓“闻声知音”，就是通过对方声音、言辞了解对方的意图并与之相合。因为双方如果志趣、爱好不同，那么彼此内心的情感也很难相通。在五音之中，商、角两音不相协调，徵、羽两音也不相配，能主导协调四声的就只有宫了。所以，如果音乐的调不和谐，就不能打动人。因而与人交谈时，若言语有散乱、伤人、不雅、包藏祸害的毛病，那么这样的言语必然是刺耳且让人难以接受的。这样即使自己有高尚的德行、极大的声誉，与对方也难以像比目鱼、比翼鸟那样亲密无间。这就是彼此意气不投、言语不协调的缘故。

【原文】

解仇斗郄，谓解羸微[①]之仇；斗郄者，斗强也[②]。强郄既斗，称胜者高其功，盛其势也[③]。弱者哀其负，伤其卑，污其名，耻其宗[④]。故胜者闻其功势，苟进而不知退[⑤]。弱者闻哀其负，见其伤，则强大力倍，死者是也[⑥]。郄无强大，御无强大，则皆可胁而并[⑦]。

【注释】

①“解仇”，底本为“执仇”，依道藏本改；“羸微”，底本为“羸徵”，依道藏本改。“郄”，这里引申为隔阂。“羸（léi）”，瘦弱。“羸微”，即弱小的。这两句意思是，解开与弱小者之间的仇怨，使有隔阂的强者之间相互争斗。

②这句意思是使强者相斗。**陶弘景注**：“辩说之道，其犹张弓，高者抑之，下者举之。故羸微为仇，从而解之；强者为郄，从而斗之也。”意思是，论辩之道，就像张开弓一样，高的地方要抑制，低的地方要举起。所以弱小的为仇，就需要开解；强大的为仇，就会相互争斗。

③“称胜”，获胜。“高”，动词，高扬。“盛”，盛赞。这几句是说，相斗的强者，其中一方获胜就立即称赞胜

者，高扬他的功绩，盛赞其气势。

④“哀”，怜悯、同情。“负”，失败。“伤”，哀怜。“卑”，衰微。**陶弘景注**：“斗而弱者，从而哀其负劣，伤其卑小，污下其名，耻辱其宗也。”意思是，对于斗争中失败的一方，则为他的失败表示同情，为他势力的衰微而表示哀怜，也可以损坏他的名誉，侮辱他的祖先，以此来刺激他。

⑤“苟”，贪求。这两句是说，胜利者听到自己的功劳声势，会贪求进攻而不知退让。

⑥**陶弘景注**：“弱者闻我哀伤，则勉强其力，倍意致死，为我为是也。”意思是，失败者听到自己的失败，受到的损伤，反而会奋发强大，拼死抵抗。

⑦“胁”，威胁。“并”，吞并。这几句是说，双方有了嫌隙，相互争斗，那么就不会很强大，都可以胁迫他们服从自己，甚至吞并他们。**陶弘景注**：“言虽为郄，非能强大；其于扞（hàn，同“捍”）御，亦非强大。如是者，则以兵威胁，令从己，而并其国也。”意思是，言语虽然可能造成间隙，但是并不能够使之强大；捍卫守御，也并不能够强大。像这样的情况，就需要用兵胁迫对方，使其听从自己，然后吞并他的国家。

## 【译文】

“解仇斗郄”，“解仇”就是消除与弱小者之间的仇怨；“斗郄”，就是使有嫌隙的强者互相争斗。强者相斗之后，对于胜利的一方，要积极宣扬他的功绩，盛赞他的威势；而对于失败的一方，可以为他的失败表示怜悯，为他势力的衰弱表示同情，也可以进一步损毁他的名声，甚至侮辱他的祖先，通过这种方式来刺激他奋进。因为胜利者往往听到自己的功劳和威势，会贪求进取而不知退让；失败的一方看到自己的损伤，反而会奋发图强，倍增力量，而与对方殊死搏斗。这样双方缝隙越大，争斗就越强烈，防御就越弱小，那么自己就可以胁迫甚至吞并他们。

【原文】

缀去者，谓缀己之系言，使有余思也①。故接贞信者，称其行，厉其志，言为可复，会之期喜②。以他人庶引验以结往，明欵欵而去之③。

【注释】

①“缀”，系结、连接。“系言”，尹桐阳曰：“系言，翮（hé）言也，犹云飞语。”这两句意思是，对即将离开自己的人，通过言语的称赞，让对方即使离开也能想着自己。

②此句底本在“言”后多“可”字。“接”，对待。“贞信者”，正直诚信的人。“称”，称赞。“厉”，“励”的古字，勉励、鼓励。**陶弘景注**：“欲令去后有思，故接贞信之人，称其行之盛美，厉其志令不怠，谓此美行必可常为，必可报复，会通其人，必令至于喜悦也。”意思是，想要让离

开的人对你始终思念于心，在对待这类正直诚实的人时，就要不吝言辞称赞其高尚的品行，鼓励其志向必会获得成功。这样一定会让其内心喜悦，诚心归服于你。

③“庶”，相近、接近。“欸”，同“款”，“款款”，诚恳。这两句意思是，引用与他人近似之事，验明自己结交的意愿，同时表明自己对对方的至诚之心，然后再分别，这样对方就一定不会忘记自己。**陶弘景注：**“言既称行厉志，令其喜悦，然后以他人庶几于此行者，引之以为成，验以结已往之心，又明己欸欸至诚，如是而去之，必思己而不忘也。”意思是，在勉励他们的志向之后，让他们感到喜悦，然后用他人的成功事例来验证自己的内心，同时表明自己内心的款款真诚，像这样离去之后，必然会让对方思念自己而不会忘怀。

## 【译文】

所谓“缀去”，就是用言语连接即将离开自己的人，使对方不忘记自己。所以对即将离开的正直诚信的人，要不吝言辞称赞他们的高尚德行，并且鼓励他们的志向，言辞中也要流露出希望他们能再回来和自己共事，还要表现出希望能再次与之相会的期盼与喜悦。同时，可以引用其他相近似的成功事例来验证自己的话，并表明自己希望同对方结交的至诚之心，然后再与对方分别，那么对方必定就会把自己的情谊铭记于心。

【原文】

却语者，察伺短也[①]。故言多必有数短之处，识其短，验之。动以忌讳，示以时禁[②]。其人恐畏，然后结信，以安其心，收语盖藏而却之[③]。无见己之所不能于多方之人[④]。

【注释】

①“却语”，具有缺陷的语言。尹桐阳注：“却，隙也。”“察伺”，观察窥伺。“短”，缺失、缺点。这两句意思是，却语之术就是善于发现对方言语中的缺点、漏洞，然后使之为自己服务。**陶弘景注**：“言却语之道，必察伺彼短也。”意思是，所说的语言缺陷的道理，就是伺机察知对方的短处。

②**陶弘景注**：“既验其短，则以忌讳动之，时禁示之。”意思是，发现对方的缺点之后，就可以在对方犯忌时触动他，以当时的禁令使他有所顾忌。

③“盖藏”，掩盖、隐藏。这句意思是，为表示自己诚心结交对方，虽然发现对方言辞的缺陷漏洞，也为之隐藏。**陶弘景注**：“其人既以怀惧，必有求服之情，然后结以诚信，以安其惧，以收其向语，盖藏而却之，则其人之恩感，固以深矣。”意思是，其人既然已经心怀畏惧，必然会有求得顺服之意，然后用诚信结交他，这样就可以让他放下惧怕之心，再用“却语”之术帮其隐藏，那么其人必然深深地感恩戴德。

④“见”，通“现”，显现。“多方之人”，指学识渊博的人。这句意思是，不要把自己的弱点显露给有渊博知识的人。

【译文】

“却语”，就是要善于发现对方言辞中的漏洞、缺点。因为人的话说多了，就一定会有很多缺陷，能发觉这些缺点并加以考察，就可以在对方行动时，抓住时机展示给对方，使对方有所顾忌。等对方产生畏惧时，然后表明自己与对方结交的诚心，使对方安心，同时收住话头，为其掩藏，不再提起。这样对方就会感恩于自己，从而为己所用。所以，在与人交谈时，一定不要把自己的缺点显示给有见识的人，以免被人控制。

【原文】

摄心者，谓逢好学伎术者，则为之称远①。方验之道，惊以奇怪，人系其心于己②。效之于人，验去，乱其前，吾归诚于己③。遭淫酒色者④，为之术；音乐动之，以为必死，生日少之忧⑤。喜以自所不见之事，终可以观漫澜之命，使有后会⑥。

【注释】

①“摄心”，摄取人心。“伎”，通“技”。“称远”，称赞其能，使远近皆知其人。**陶弘景注：**“欲将摄取

彼心，见其好学伎术，则为作声誉，令远近知之也。”意思是，想要掌控对方的内心，比如见到好学且技艺高超的人，就为之制造声誉，让远近的人都知道他。

②“奇怪”，稀奇罕见，异于常态。这几句意思是，对方的才能一旦得到验证，自己真心表示为他不同一般的技艺而震惊，那么对方便会心向自己。**陶弘景注：**“既为作声誉，方且以道德验其伎术，又以奇怪从而惊动之，如此，则彼人必系其心于己也。”意思是，既然已为对方制造了声誉，还要以道德验证其技艺真伪。一旦察验，又表示自己为对方非同一般的技艺而震惊，如此对方就会心系于己。

③“效”，显示、呈现。“去”，过去。“乱”，治理。这几句的意思是，把对方的技艺选择合适的时机呈现在众人面前，并用其过去获得的成绩为佐证，且表明自己也真心为他取得的成就而高兴，这样对方便会诚心归服于你。**陶弘景注：**“人既系心于己，又效之于时人，验之于往贤，然后更理其目前所为，谓之曰：吾所以然者，归诚于彼人之己。如此，则贤人之心可得，而摄乱者，理也。”意思是，对方既已系心于己，于是找准机会使对方能施展自己的才能，将其成就与先贤并列，并真诚地对对方说：“我之所以这样做，是真心被你的才能所折服。”若能这样做，那么对方的内心就可以掌控。

④指过度沉迷于酒色的人。“淫”，过度，无节制。

⑤“动”，感动。“生”，产生。**陶弘景注：**“言将欲探

愚人之心，见淫酒色者，为之术；音乐之可说，又以过于酒色，必之死地，生日减少，以此可忧之事，以感动之也。”意思是，想要掌控愚人的内心，见其沉湎于酒色，可以先用音乐打动他，然后使他意识到贪恋酒色必会早死，从而使对方产生生命短促的担忧，这样可以打动对方。

⑥“喜”，使动用法，使……高兴。“漫澜”，无边无际。“会”，领悟、理解。这几句意思是，用对方之前没有体会过的事情使他高兴，最终使他看到生命的多姿多彩，然后醒悟。**陶弘景注**：“又以音乐之事，彼所不见者，以喜悦之言，终以可观，何必淫于酒色？若能好此，则性命漫澜而无极，然后终会于永年。愚人非可以道胜说。故惟音乐可以探其心。”意思是，又用音乐之外对方未见过的事使之高兴，然后说：“何必过于贪恋酒色？如果能喜欢这些事，那么就可以体会到生命的绚烂多彩、无穷无尽，最终会获得长寿。”愚人不能直接以道去说服他，所以只有通过音乐去探查其内心。

## 【译文】

“摄心”，就是收服人心的方法。如果遇到好学且技艺高超的人，则四处称赞他的才能，使他声名远播。一旦他的才能得到验证，自己便真心表示被他独特的技艺所震惊，那么，对方就会因为你懂他而心系于你。然后把他的技艺呈现在众人面前，并用他过去获得的成绩为佐证，且自己也真心为他取得的成就而高兴，对方便会诚心归服于你。如果遇到要收服沉湎于酒色的人时，可以通过音乐去感动他，并使他意识到贪恋酒色必然早亡，从而产生生命短促的忧虑。再用对方之前没有体会过的事情让他高兴，并让他从中感受到生命的绚烂多姿，最终他一定会有所领会，而心系于你。

【原文】

守义者，谓以人探其在内以合也[①]。探心，深得其主也，从外制内，事有系曲而随之[②]。故小人比人，则左道而用之，至能败家夺国[③]。非贤智，不能守家以义，不能守国以道[④]。圣人所贵道微妙者，诚以其可以转危为安，救亡使存也。

【注释】

①“人”，通“仁”。这两句意思是，谨仁义，以适宜社会的行为去探取对方的内心，再迎合他。**陶弘景注**：“义，宜也。探其内心，随人所宜，遂所欲以合之也。”意思是，“义”就是适宜、恰当的意思。用恰当的方式去探寻对方的内心，就是要顺随对方所喜欢的、所想要的迎合对方，以获得对方的信任。

②这句意思是，对方有事求我，而委曲于我。**陶弘景注**：“既探知其心，所以得主深也。得心既深，故能从外制内；内由我制，则何事不行？故事有所属，莫不由曲而随己也。”意思是，既然获得了对方的内心实情，就可以获得对方的信任，获得对方信任，所以能从外控制对方的内心；对

方的内心由我掌控，那么我还有什么事做不成呢？

③“比”，勾结。“左道”，邪门旁道。这几句的意思是，小人为了追求利益与人勾结，往往利用旁门左道，而非用仁义去迎合对方，最终会导致家破国亡。**陶弘景注：**“小人以探心之术来比于君子，必以左道用权。凡事非公正，皆曰小人反道乱常，害贤伐善，所用者左，所违者公，百度昏亡，万机旷紊，家败国夺，不亦宜乎！”意思是，若小人用探心术来勾结君子，必然导致歪门邪道盛行，世事不公，贤者、善者被谗害，最终必然导致家破国亡。

④这句意思是，不是真正贤明的人不能以“道”来治理国家。**陶弘景注：**“道，谓中经之道也。”意思是，“道”，这里指《中经》。

**【译文】**

“守义”之术，就是在与人交往的过程中能坚守仁义，以符合社会道义的方式去探寻对方的内心，以求能与对方心意相合。因为能以仁义之道深入探寻到对方内心的真实意图，就可以从外部来控制他的内心，从而无往不胜，使其紧随自己。而小人为了追寻利益与人勾结，往往利用旁门左道而非仁义去迎合对方，最终会导致家破国亡。总之，如果不是贤德聪慧之人，就不能用“义”来守家，也不能用“道”来治国。圣人之所以推崇微妙之“道”，就是因为“道”的确可以使事情转危为安，可以救亡图存。

# 附　录

# 秦恩复《鬼谷子》序

《鬼谷子》不见于《汉志》，至隋唐始著录，新旧《唐书》皆以为苏秦撰，然《汉书·纵横家》别有苏子三十二篇，其文与《鬼谷》不类，使苏秦讬（同“托”）名鬼谷。班固何以略而不注，陆龟蒙以鬼谷为王诩，王嘉《拾遗记》以鬼谷为归谷，盖归鬼声转尔。匹曰：鬼之为言，归也，其谓苏秦假托者，以仪秦师事鬼谷。而《史记·苏秦传》有简练揣摩之语，鬼谷书适有《揣》《摩》二篇，遂附会其说，实无所据。或云周时，豪士隐于鬼谷者，近是书凡三卷，自《捭》《阖》之《符言》十二篇，《转丸》《胠箧》二篇旧亡，又有《本经阴符七术》及《持枢》《中经》共二十一篇。柳子厚尝讥其险盭（zhōu）峭薄，妄言乱世。今观其书，抉摘幽隐，反覆变幻。苏秦得其绪余，即掉舌为纵，约长真纵横家之祖也。考《说苑》《史记》注文，选注《意林》《太平御览》诸书所引，或不见于今书，或文与今本差异。盖自五季散乱之后，传写渐失其真，陶阴帝虎讹脱相，仍不仅《转丸》《胠箧》也。注鬼谷者旧有乐一、皇甫谧、尹知章三家，乐注一见于《文选》，注中《太平御览》数条，亦不着注者名氏。《中兴书目》始列陶弘景注，晁、陈二家继之。贞白生于萧梁，书乃晚出，读者不无，然疑同年海宁周耕厓孝廉以注中多避唐讳，断为是尹非陶，词颇博辩，然亦冯虚臆言，绝无佐证。唯马贵与《文献通考》于陶注下云，唐志以为尹知章注，未知孰是，则在宋时已两存其说。幸赖华阳真逸之名得藉，收于《道藏》。无论为陶、为尹，皆可决其非宋以后之书矣。是书刻于乾隆己酉，仅据孙渊如观察华阴岳庙所录本，讎（chóu，同“雠”）校刊行卢抱经先生重加勘定，至再，至三，最后邮示述古堂旧钞，始知道藏所存讹脱正复不少。

读书固难，校书亦不易也。因重付剞劂（jī jué）一以钱本为主，其有钱本所无，而藏本所有者，审其异同，互相考证。又剌取唐宋书注所引旧注掇（duō）而存之，附于本文之下。其或今本亡佚，别见他书及称鬼谷事迹足资参考者，附录于后，备观览焉。嘉庆十年乙丑八月十五日，江都秦恩复序。

【译文】

《鬼谷子》不收录于《汉书·艺文志》（以下简称《汉志》）的目录列表之中，从隋代、唐代才开始著录此书。新旧《唐书》都认为《鬼谷子》为苏秦所撰写，然而《汉书·纵横家》中又另有苏子（苏秦）所著文章三十二篇，这些文章的行文风格和《鬼谷子》不是同一类，只是托名苏秦为《鬼谷子》的作者。班固为什么省略《鬼谷子》而不著录在《汉志》中呢？陆龟蒙认为鬼谷是王诩，王嘉的《拾遗记》认为“鬼谷”是“归谷”，大概是因为归、鬼声相近的缘故。我认为，“鬼”说出来就是“归”的发音，说《鬼谷子》假托是苏秦所著，是为了附会秦国军队崇拜鬼谷的故事。《史记·苏秦传》有“简练”“揣摩”的词汇和语句，而《鬼谷子》又正好有《揣》《摩》两篇，便附会苏秦为《鬼谷子》的作者，这实在是没有证据。又有人说，周代的时候，豪士隐居在鬼谷，他们有三卷书，从《捭》《阖》到《符言》有十二篇，《转丸》《胠箧》二篇因为时代过久而消失了，又有《本经阴符七术》及《持枢》《中经》共二十一篇。柳宗元曾经批判《鬼谷子》拗口难懂、胡言乱语。如今再看这本书，行文精练而隐晦，内容变化多端。苏秦仅学习到它的一点皮毛，便可口若悬河，成为纵横家之祖。考据《说苑》《史记》的注文，挑选《意林》《太平御览》这些书所引用的，不是不见于现在的书中，就是它们的文本和现在的文本有差异。大概是经过五代十国的战乱，传抄过程中逐渐失去了它本来的面貌，文本以讹传讹，散落错误，不仅仅只是《转丸》《胠箧》两篇而已。给《鬼谷子》做注释的人以前有乐一、皇甫谧、尹知章三家，乐注首次出现于《文选》，注中有《太平御览》数条，也没有写出是谁注的。《中兴书目》第一次列出陶弘景注，晁公武《郡斋读书志》、陈振孙《直斋书录解题》两家继续记载。贞白（陶弘景）出生于南朝萧梁，成书晚，读者不是没有，但我的同年海宁孝廉周耕厓认为，注中多有唐人避讳，断定此注为尹注，而非陶注。他解释的语言相当的辨证广博，但我觉得也是凭空臆想，完全没有证据。只有马端临的《文献通考》中，有在陶注下标注，《旧唐书·经籍志》和《新唐书·艺文志》认为是尹知章注，我也不知道哪个是对的，在宋代时关于这个问题就已经有两种说法了。多亏了华阳真逸得到了这本书，收录于《道藏》。不论是陶注，还是尹注，都可以确定《鬼谷子》绝对不是宋代以后的书。这本书刻于乾隆己酉年，仅根据孙渊如观察华阴岳庙本所刊行，经卢抱经先生反复勘定，最后邮示述古堂旧抄本，才知道《道藏》所收录的版本错误不少。

读书本来就很难了，校勘书籍也是不容易的。因此，重新交付给刻书的人，以钱遵王本为底本，钱本有而《道藏》本没有的内容，审视它们之间的异同，相互考证。又选取唐宋文献所引旧注而加以补充，附于本文之下。如果是今本亡佚不存的内容，但从别的书或者有涉及鬼谷子事迹而足以参考的补充，附录于后，以备参考。嘉庆十年乙丑八月十五日，江都秦恩复序。

# 清嘉庆十年《鬼谷子》附录

《说苑·善》篇引《鬼谷子》曰：人之不善而能矫之者，难矣。说之不行、言之不从者，辨之不明也。既明而不行者，持之不固也。既固而不行者，未中其心之所善也，辨之、明之、持之、固之，又中其人之所善，其言神而珍、白而分，能入于人之心。如此而说，不行者，天下未尝闻也。

《史记·太史公自序》云：故曰，圣人不朽：时变自守，虚者道之，常也。因者君之，纲也。索隐曰：此出《鬼谷子》，迁引之以成其章，故称“故曰”也。又《汉书·司马迁传》“朽”作“巧”，颜师古注：无机巧之心，但顺时也。

《史记·田世家》索隐引《鬼谷子》云：田成子杀齐君，十二代而有齐国。（注：按《庄子·胠箧》篇文与此同。）

《太平御览·治道部》引《鬼谷子》曰：事圣君有听从无谏诤；中君有谏诤无谄谀；事暴君有剥削无矫拂。又曰，君得名，则群臣恃之。

《意林》引《鬼谷子》曰：人动我静，人言我听，能固能去，在我而问。知性则寡累，知命则不忧。忧累去则心

平，心平而仁义著矣。又曰：以德养民，犹草木之得时，以仁化人，犹天生草木以雨润泽之。（注：以上七条《鬼谷子》逸文）

《文选》注《鬼谷子》序曰：周时有豪士隐于鬼谷者，自号鬼谷子，言其自远也。然鬼谷之名，隐者通号也。

《太平御览·礼仪部》：《鬼谷子》曰，周有豪士居鬼谷，号为鬼谷神生。苏秦、张仪往见之，先生曰："吾将为二子陈言至道，子其斋戒择日而学。"后仪、秦斋戒而往（注：此条疑是《鬼谷子》序文）。

晁公武《读书志》尹知章叙：仪、秦复往见，先生乃正席而坐，严颜而言，告二子以全身之道。

《史记·苏秦列传》索隐曰：乐一注《鬼谷子》书云：苏秦欲神秘其道，故假名鬼谷。（注：以上四条，《鬼谷子》序）

《史记·苏秦列传》：苏秦东师事于齐，而习之于鬼谷先生。徐广曰：颍川阳城有鬼谷，盖是其人所居，因为号。骃（yīn）案：《风俗通义》曰，鬼国先生，六国时纵横家。《索隐》曰：鬼谷，地名也。扶风池阳、颍川阳城并有鬼谷墟，盖是其人所居，因为号。《集解》：《鬼谷子》有《揣摩》篇也。王邵云：《揣情》《摩意》是鬼谷子二章名，非为一篇也。

《法言》云：苏秦学乎鬼谷术。

《论衡·答佞篇》：苏秦、张仪纵横习之鬼谷，先生掘地为坑，曰："下说令我泣出，则耐分人君之地。"苏秦下，说鬼谷先生泣下沾襟。又《明雩篇》：苏秦、张仪悲说，坑中鬼谷先生泣下沾襟。

王嘉《拾遗记》曰：张仪、苏秦二人递剪发以相活，或佣力写书。行遇圣人之文，无以题记，则以墨书于掌中及股里，夜还折竹写之。二人假食于路，剥树皮为囊，以盛天下良书。每息大树之下，假息而寐。有一先生问曰："二子何勤苦若是？"而仪、秦共与言论曰："子是何人？"答曰："吾死生于山谷，世论谓余归谷子也。"秦、仪后游学，复逢归谷子，乃请其学术，则教以干世俗之辩，乃探胸中韦秩三卷，书言辅时之事。故仪、秦学之以终身也。

《古史考》云：仪、秦受术鬼谷先生，归之声与鬼相乱故也。

《金楼子》曰：秦始皇闻鬼谷先生言，因遣徐福入海求金菜玉蔬。（注：别有《真隐传》《录异记》二条乃后人妄托，其辞鄙俗，今不录）。

## 【译文】

《说苑·善》篇引《鬼谷子》：人的品性不好，而能够加以矫正，这是很难的。劝说他而不见行动，教诲他而不听从，是因为道理解说得不明白；既然讲明白了而不见改正的行动，是因为对坚持正确的道理不够坚定；既然是坚定的而仍不见改正，是因为没有说中他心中的闪光点。讲解清楚了，思想坚定了，又说中了人心中的闪光点，这样的教诲神妙而珍贵，明白而易于分辨，能打动人的内心，这样的说教而不见改正行动的，天下未曾听说过。

《史记·太史公自序》云：所以说，圣人不衰败，坚持顺应时代的改变，虚无是道的规律，顺应时势是君主的纲领。《史记索引》说，这句话出自《鬼谷子》，《史记》在这里引用它，所以说“故曰也”。又有《汉书·司马迁传》中：“朽”作“巧”，颜师古注：没有机巧的想法，只是顺应时代而已。

《史记·田世家》索隐引《鬼谷子》说：田成子杀齐君十二代而有齐国。（注：按《庄子·胠箧》篇文与这里一样）。

《太平御览·治道部》引用《鬼谷子》说，侍奉圣明的君王，君王会听从而大臣不必谏诤；侍奉一般的君王，大臣要谏诤而不必谄谀；侍奉暴君，君主只会剥削而大臣不得叛逆。又可以说，君王有好的名声，那么群臣便可以依靠他。

《意林》引用《鬼谷子》说：别人运动我便静止，别人讲话我便倾听，我可以停留也可以离开，了解人性就可以少些负担，了解天命便可以不再忧虑，除去这些负担和忧虑，内心就可平静下来，内心平静下来，便拥有了仁义。又引用说：用德行来抚育百姓，犹如小草、树木顺应季节而生长，用仁德来感化人，犹如上天降下甘霖来滋润这些草木。（注：以上七条是《鬼谷子》散佚的条文。）

《文选》给《鬼谷子》的序做注，说：周代有豪士隐居于鬼谷，自称为鬼谷子，来表达他远离世俗的心。但“鬼谷”这一名号，是隐士的常用自称。

《太平御览·礼仪部·鬼谷子》说：周代有豪士居住在鬼谷，被称为鬼谷神生。苏秦、张仪过去见他。鬼谷子说：“我将为你们两个人讲述最高深的道理，你们二人择日斋戒过后来学习吧。”之后，张仪、苏秦斋戒过后，便前往鬼谷子那里去学习了。（注：此条可能是《鬼谷子》的序文）

晁公武《郡斋读书志》中尹知章说：张仪、苏秦再次去面见鬼谷子先生，先生正襟危坐，以严肃的姿态，告诉他们二人所有的道理。

《史记·苏秦列传》下的索隐解释说：乐一注释《鬼谷子》一书的时候说，苏秦想要让他的学说变得神秘莫测，所以要假托鬼谷的名号。（注：以上四条是《鬼谷子》序）

《史记·苏秦列传》说：苏秦曾经往东到齐国去拜师，向鬼谷先生学习。徐广说：颍川阳城有鬼谷，大概是那个人所居住的地方，以之为号。裴骃说：《风俗通义》说，鬼国先生，是战国时的纵横家。《史记索引》说：鬼谷，是个地名。扶风池阳、颍川阳城都有“鬼谷墟”，大概是那个人所居住的地方，所以将其命名为自己的名号。《史记集解》说：《鬼谷子》中有《揣摩》篇。王邵说：《揣情》《摩意》是鬼谷子中两个章节的名字，并非是一篇。

《法言》说：苏秦学习的是鬼谷之术。

《论衡答佞》篇，苏秦、张仪从鬼谷先生那里学习纵横之术，先生挖了一个大坑，说：你们下来，用你们的言辞让我感动得流泪，那么你们的本事就可以让君主赏赐你们一块地了。苏秦跳下去，把鬼谷先生说得流泪了。又有《明雩篇》：苏秦、张仪用悲伤之词，让坑中的鬼谷先生流泪。

王嘉《拾遗记》说：张仪、苏秦二人互相给对方剪头发，或者出卖劳力给别人写信维持生计。看到圣哲的文章言论，临时找不到书写的竹帛，便写在手掌和大腿上，回去再折竹誊写下来。二人在路上借宿求食，剥下树皮做成袋子，用来放置天下的好书。经常在大树下休息，休息的时候会睡着。有一位先生问他们："你们为什么要这么勤劳辛苦呢？"于是张仪、苏秦便问这位老人，你是哪位高人？先生答曰："我生活在这山谷之中，世间大家都称呼我为'归谷子'。"苏秦、张仪之后去游学，再度遇见了这位归谷子，便向他请教，以明白这世间的道理，进而探究他所拥有的三卷巨著，书中所讲乃匡扶世事的道理。所以张仪、苏秦学之终身。

《古史考》说：张仪、苏秦从鬼谷先生那里学习本领，"归"的发声和"鬼"相似。

金楼子说：秦始皇听闻鬼谷先生所述，便派遣徐福入海寻找金菜玉蔬。（注：另有《真隐传》《录异记》两条文献记录是后人妄加附会，文辞粗鄙低俗，不著录于此。）

# 周广业《鬼谷子》跋

绿饮鲍君购得《鬼谷子注》抄本，属余是正，注甚明白简，当自非五季宋人可及，乃其卷首题曰："东晋贞白先生丹阳陶宏景注"，则非也。陶系梁人，大同初赐谥贞白，东晋之误，无待深辩。案《鬼谷》录自《隋志》，有皇甫谧、乐一注各三卷。新旧《唐志》无皇甫，而增尹知章注三卷，不闻陶也。陶注始见于晁氏《读书志》，潜溪《诸子辨》继之，卷如乐、尹，而亡《转丸》《胠箧》二篇，是本篇卷适与相符，当即宋氏所见者，其书不类古本。如以《捭阖》《反应》《内揵》《抵巇》列上，《飞箝》《忤合》《揣摩》《权谋》《决事》《符言》并亡篇列中，《本经阴符七术》及《持枢》《中经》列下，与近刻无异。凡文之轶，见与《史记》《意林》《太平御览》诸书者，此皆无之。其篇名，旧有作《反覆》《抵巇》《飞钳》《涅闻》《午合》《揣情》《摩意》《量权》《谋虑》者，今亦不然。至《盛神》《养志》诸篇，正柳子厚所识讥"晚乃益出七术，怪谬不可考校"之言。梁世宁遽有此？纵有之，隐居抗志华阳，安用险诡之谈？《梁史》及邵陵王碑铭，亦绝不言其注《鬼谷》，而讹托焉可乎。《困学纪闻》载，尹知章序，《鬼谷子》有云：苏秦、张仪事之，受《捭阖》之术十三章，复受《转丸》《胠箧》三章。晁氏则但言序谓此书即受秦、仪者，虽详略不同，可证其皆为尹序。序出于尹，安见注不出尹？观其注文，往往避唐讳，如以“民”为“人”，“世”为“代”，“治”为“理”，“缧绁”作“缧絏”之类。而笔法又绝似《管子注》，是为尹注无疑。尹生中宗、睿宗之世，卒于开元六年，故于隆基字不复避也。其注《亡篇》云：或有取庄周《胠箧》充次第者，以非此书之意，不取。注《持枢》云：恨太简促，或简篇脱烂，本不能全故也。

盖自底柱漂没之后，五部残缺，不能复睹文德旧本，故注家以为憾事。若果系陶注，则同时刘勰作《文心雕龙》，明言《转丸》骋其巧辞，《飞箝》伏其精术矣。此岂不见原文者，可遽云《转丸》已亡乎？庾仲容亦梁人，其所钞子今在《意林》，“人动我静”及“以德养民”二条，显有完书可据，何是本独以脱烂为恨？此亦是尹非陶之明证矣。乃其讹尹为陶，莫解其由。以意揣之，尹注在旧史虽云颇行于时，而新志却自注云尹知章不著录。意其本在宋初，原无标识。而《持枢》篇注中尝一称“元亮曰”，元亮系晋陶渊明字，或陶渊明为陶通明，遂妄立主名，而读者不察，致成久假耳。亦或谄道之徒，既诡鬼谷子为王诩，强名为元微子，复以贞白寓情仙术，矫托以注，未可知也。然是注世已罕传，大可宝贵，似宜改题曰：唐国子博士尹知章注。与赵蕤《长短经》合梓以行，其裨益人神智正不少也。乾隆辛丑闰五月七日，海宁周广业书。

## 【译文】

绿饮鲍君购得《鬼谷子注》的手抄本，托嘱我审查谬误，加以订正。此书注解得十分明白简单，应该不是五代宋人可达到的水平。抄本卷首说：东晋贞白先生丹阳陶弘景注。实际并不是这样的。陶弘景是南朝梁人，梁武帝大同初赐谥号贞白，卷首东晋的时间错误就很明显，便没有必要考证了。《鬼谷子》从《隋书·经籍志》开始被收录，有皇甫谧、乐一注各三卷。《旧唐书·经籍志》《新唐书·经籍志》中没有收录皇甫谧的注，而新增了尹知章注三卷，也没有看到陶弘景的注。陶注第一次被收录，始于晁公武的《郡斋读书志》，宋濂的《诸子辨》继续收录它，卷数与乐注和尹注一样，而散佚了《转丸》《胠箧》二篇，则正好与之相符，这应该是宋濂所见版本。如以《捭阖》《反应》《内揵》《抵巇》列在上，《飞箝》《忤合》《揣摩》《权谋》《决事》《符言》与散佚的篇目一并列在中，《本经》的阴符七术及《持枢》《中经》列在下，便和最近刻的版本没有差异。凡是《鬼谷子》见之于《史记》《意林》《太平御览》诸书中散佚的文字，都没有在此出现。它们的篇名，旧有《反覆》《抵巇》《飞钻》《涅闻》《忤合》《揣情》

《摩意》《量权》《谋虑》者，如今则不是这样。到《盛神》《养志》诸篇目，正是柳宗元所批判的“晚乃益出七术，怪谬不可考校”的内容。梁代怎么会有这种内容呢？即便有，隐居在华阳，又怎么会用得到这种险诡计谋呢？《梁史》及邵陵王的墓志铭也从来没说过陶弘景注《鬼谷》的事情，又怎么能讹称他注过呢？《困学纪闻》记载尹知章序，鬼谷子说苏秦、张仪向他拜师，学习《捭阖》十三章，又学习《转丸》《胠箧》三章。晁公武则认为《困学纪闻》所载尹知章《鬼谷子》序与《郡斋读书志》虽详略不同，但可证明其都为尹序。既然序是尹知章写的，就不能说注不是尹写的了。观其注文，往往避唐讳，比如将“民”改为“人”，“世”改为“代”，“治”改为“理”，“缧绁”改作“缧缡”之类。而笔法又类似《管子》注，可以确定是尹写的注无疑了。尹出生于中宗、睿宗之世，卒于开元六年，所以不避讳唐玄宗隆基的字。尹注《亡篇》说：有时会选取庄子的《胠箧》写在下面，用来辩驳《鬼谷子》的观点，在此不取。注《持枢》时说：可惜文本太简短，可能是因为竹简脱烂，导致文本不能完整地保存下来。

大约在经历过《五部目录》沉没在三门峡的事故之后，这些书许多都残缺了，不能再看到文德时的旧版本，做注的人感到十分遗憾。如果真的是陶弘景注的话，那么当时刘勰写的《文心雕龙》中评论《鬼谷子》的《转丸》用词精辟，《飞钳》精术绝妙。既然刘勰看到了原文，我们怎么能够说

《转丸》已经亡佚了呢？庾仲容也是梁代时的人，其所引用《鬼谷子》的内容今在《意林》，“人动我静”及“以德养民”二条，明显存有完整的文献可作凭据，为什么就单单只有这个片段因为文献不全而造成了遗憾？这也是《鬼谷子》注是由尹所写，而非陶所写的证据。将尹注讹传为陶注，没有办法理解其中的缘由。以自己的想法揣测一下，尹注虽然在旧史中相当流行，新志却有自注说尹知章不著录《鬼谷子》注。大概是新志成于宋初，原本没有标识。而《持枢》篇的注中曾经有“元亮曰”的语句。元亮是晋代陶渊明的字，或陶渊明讹为陶通明，便随便立名号，而且在读者不知道的情况下，导致日久成假了。也有可能是谄道之徒，既然诡称鬼谷子为王诩，便强加名号为元微子，又因为陶弘景寓情仙术，假托他写了注，也很有可能。但是这个注于世间已经非常罕见，十分宝贵，最好修改题目为：唐国子博士尹知章注。与赵蕤《长短经》合刊出版，可以大大有利于人的神智。乾隆辛丑闰五月七日，海宁周广业所写。

# 阮元《鬼谷子》跋尾

陶弘景注《鬼谷子》为《道藏》旧本，吾乡秦编修敦夫，博览嗜古，精于校雠（chóu，同“雠”）。因剩取诸书考订讹谬梓行之，其略见自序中。元读《鬼谷子》中多韵语，又其《抵巇》篇曰：巇者，巇也，读巇如呼，合古声训字之义，非后人所能依托。其篇名有《飞箝》，按《周礼·春官典》同微声韽（ān），后郑读为“飞钻涅韽”之韽，箝钻同字，贾疏即引《鬼谷子》证之。又《揣摩》二篇，似放《苏秦传》简练以为《揣摩》之语为之。然《史记·虞卿传》称：《虞氏春秋》亦有《揣摩》篇，则亦游说者之通语也。窃谓书苟为《隋唐志》所著录，而今仅存者无不当精校传世，况是编写纵横独存之子书。陶氏注又世所久佚，诚罔罗古籍者所乐观也。乾隆戊申冬月，仪真阮元跋尾。

【译文】

陶弘景注《鬼谷子》是《道藏》所收录的旧本，我的同乡秦敦夫编修，他博览群书，爱好古籍，擅长校勘。他选取诸多古籍来考订书中谬误的事情，可以从其自序中略知一二。原来读《鬼谷子》中出现很多解释韵语的句子，比如书中的《抵巇》篇说：巇就是巇，读巇和呼的发音一样，利用古字发声来解释字的含义，不是后人所能利用得好的。再如《飞箝》篇中的“箝”和《周礼·春官典》中的“䶬”同声，郑玄读为“飞钻涅䶬”中的䶬，箝、钻是同音字，贾公彦便引用《鬼谷子》来证明它。又有《揣摩》中的二篇，《苏秦传》像是简练过后的《揣摩》篇的语言。然而《史记·虞卿传》称，《虞氏春秋》也有《揣摩》篇，也是游说纵横家的话术。我认为，被《隋书·经籍志》《旧唐书·经籍志》《新唐书·艺文志》所收录的书，且当今存留下来的书没有一本不是经过精细校勘的，更何况是编写纵横家思想独存的子书。陶弘景的注又早早地失传了，这的确是网罗古籍的人乐于看到的书啊。乾隆戊申冬月，仪真阮元跋尾。

# 激发个人成长

多年以来，千千万万有经验的读者，都会定期查看熊猫君家的最新书目，挑选满足自己成长需求的新书。

读客图书以“激发个人成长”为使命，在以下三个方面为您精选优质图书：

## 1. 精神成长

熊猫君家精彩绝伦的小说文库和人文类图书，帮助你成为永远充满梦想、勇气和爱的人！

## 2. 知识结构成长

熊猫君家的历史类、社科类图书，帮助你了解从宇宙诞生、文明演变直至今日世界之形成的方方面面。

## 3. 工作技能成长

熊猫君家的经管类、家教类图书，指引你更好地工作、更有效率地生活，减少人生中的烦恼。

每一本读客图书都轻松好读，精彩绝伦，充满无穷阅读乐趣！

## 认准读客熊猫

读客所有图书，在书脊、腰封、封底和前后勒口都有“**读客熊猫**”标志。

## 两步帮你快速找到读客图书

1. 找读客熊猫

2. 找黑白格子

马上扫二维码，关注“**熊猫君**”

和千万读者一起成长吧！